همهمه‌ی زمان

جولین بارنز

مرجان محمدی

شناسنامه‌ی کتاب

نام کتاب: همهمه‌ی زمان
نویسنده: جولین بارنز
مترجم: مرجان محمدی
سال چاپ: 1395
نوبت چاپ: اول
تیراژ: 1000
شابک:5-3-96416-600-978
حق چاپ این اثر برای انتشارات نفیر محفوظ است.
آدرس: تهران، خیابان کارگر، خیابان لبافی‌نژاد، بن بست سیمین، پلاک 2، واحد 8.
تلفن: 66128767، 66128791
تلفکس: 66128548

The Noise of Time

Julian Barnes

JONATHAN CAPE
LONDON

درباره‌ی کتاب

ماه مه سال 1937، مردی سی و چند ساله، دم در آسانسور آپارتمانش در لنینگراد منتظر است. او تمام شب انتظار می‌کشد تا برای بردنش به کاخ بزرگ بیایند. حالا دیگر هیچ‌یک از مشاهیری که دهه‌ی گذشته می‌شناخته است، به کارش نمی‌آیند. از کسانی که به کاخ سفید رفته‌اند تعداد کمی بازگشته‌اند.

به‌این‌ترتیب، اولین رمان جولین بارنز بعد از کتاب برنده‌ی بوکرش، حس یک پایان، آغاز می‌شود، داستانی درباره‌ی برخورد هنر با قدرت، درباره‌ی سازش انسان، بزدلی و شجاعتش. این کتاب اثر استادی واقعی است.

درباره‌ی نویسنده

جولین بارنز نویسنده‌ی دوازده رمان، از جمله حس یک پایان، برنده‌ی جایزه من بوکر 2011، است. او همچنین سه کتاب داستان کوتاه، به نام‌های عبور از کانال، میز لیمو و تپش، چهار مجموعه مقاله و دو کتاب غیر داستانی دلیلی برای ترسیدن وجود ندارد و سطوح زندگی دارد که سطوح زندگی‌اش پرفروش‌ترین کتاب ساندی تایمز است. او در لندن زندگی می‌کند.

به پت
نویسنده
به برادرم علیرضا
مترجم

یکی برای شنیدن
یکی برای به یاد آوردن
و یکی برای نوشیدن
از گذشته‌ها

در میانه‌ی دوران جنگ اتفاق افتاد، در سکوی ایستگاهی به صافی و گردآلودی دشت بی‌پایان اطرافش. قطار ساکن، دو روز پیش به مقصد غرب از مسکو خارج شده بود. دو، سه روز دیگر مانده بود که برسد، آن‌هم به مقدار زغال‌سنگ و حرکت گروهان بستگی داشت. چیزی از سپیده‌دم نگذشته بود که مرد، یا درواقع نیمه‌مرد، خود را با گاری کوتاهی که چرخ‌های چوبی داشت به‌طرف واگن‌های درجه‌یک می‌راند. راه دیگری برای هدایتش وجود نداشت مگر آن‌که خود را جلو گاری پیچ‌وتاب دهد. برای حفظ تعادل، طنابی را که از زیر گاری می‌گذشت بالای کمر شلوارش بسته بود. دستانش، در نوارهای پارچه‌ای سیاه‌شده‌ای پیچیده شده و پوستش از گدایی در خیابان‌ها و ایستگاه‌ها سخت شده بود.

پدرش بازمانده جنگ قبلی بود. کشیش دهکده برایش طلب آمرزش کرده و او در راه میهن و تزار راهیِ جنگ شده بود. تا از جنگ برگردد، کشیش و تزار رفته بودند و میهنش دیگر همان میهن نبود. زنش با دیدن آن‌چه جنگ بر سر شوهرش آورده، جیغ کشیده بود. حالا جنگ دیگری شروع شده و متجاوز قبلی بازگشته بود. فقط نام‌ها تغییر کرده بودند؛ نام‌های هر دو طرف، اما چیز دیگری تغییر نکرده بود؛ تفنگ‌ها هنوز مردان جوان را از پا درمی‌آوردند و بعد جراحان با خشونت قطعه‌قطعه‌شان می‌کردند. پاهای خود او را هم در بیمارستانی صحرایی میان درختان درهم‌شکسته، قطع کرده بودند. پیشتر، انگیزه‌ی بزرگی پشت همه‌ی این‌ها وجود داشت. او پشیزی اهمیت نمی‌داد. گذاشته بود دیگران در این مورد بحث کنند. تنها دغدغه‌اش به آخر رساندن هر روز بود، که به شگردی برای بقا تبدیل شده بود. در یک مرحله‌ی خاصی همه‌ی مردان این‌طور می‌شوند: شگردی برای بقا.

چند نفر از مسافران از قطار پیاده شده بودند تا هوای گردآلود بخورند. دیگران صورت‌شان را به پنجره‌های واگن چسبانده بودند. گدا که نزدیک شد، آواز زننده‌ی سربازخانه‌ای را نعره‌کشان سر داد. مسافران یکی دو کوپکی برایش می‌انداختند، بعضی در ازای این سرگرمی و بعضی در ازای رفتنش. بعضی سکه‌ها را عمداً طوری می‌انداختند که روی لبه‌اش فرود بیاید و قل بخورد و برود و وقتی گدا با کمک مشت‌هایش روی سکوی بتونی سکه‌ها را دنبال می‌کرد به او می‌خندیدند. شاید این کار دیگران را وامی‌داشت که از روی ترحم یا شرم، پول را مستقیم دستش بدهند. گدا فقط انگشت‌ها، سکه‌ها و آستین کت‌ها را می‌دید و توهین‌ها را ندیده می‌گرفت. او همان کسی بود که می‌نوشید [1].

دو مردی که در واگن درجه‌یک سفر می‌کردند دم پنجره بودند، سعی می‌کردند حدس بزنند کجای راه‌اند و توقفشان چقدر طول می‌کشد، چند دقیقه، چند ساعت یا حتی تمام روز. هیچ اطلاعاتی به آن‌ها نداده بودند و می‌دانستند که نباید سؤال کنند. پرس‌وجو درمورد حرکت قطارها، حتی اگر مسافر آن بودی، ممکن بود تو را خراب‌کار جلوه دهد. آن دو مرد، سی و چند ساله بودند و دیگر چنین چیزهایی را می‌دانستند. از میان آن دو آن‌که می‌شنید [2]، لاغر، بی‌قرار و عینکی بود. دور گردن و مچ دست‌هایش طلسم سیر آویزان کرده بود. نام همسفرش در تاریخ گم شده است، اما او همان بود که به یاد می‌آورد.[٢]

گاریِ نیمه‌مرد حالا با تلق‌وتلوق داشت به آن‌ها می‌رسید و نعره‌های گدا که شعری شاد درمورد تجاوز در دهکده می‌خواند گوششان را می‌خراشید. آوازه‌خوان دست از خواندن کشید و با اشاره ادای خوردن درآورد. مرد عینکی در جواب بطری نوشیدنی‌اش را بالا گرفت. ادای مؤدبانه‌ی بیهوده‌ای بود. مگر می‌شود گدا به نوشیدنی نه بگویید؟ دقیقه‌ای بعد، هر دو مسافر روی سکو به گدا پیوستند.

به‌این‌ترتیب سه نفرشان آن‌جا بودند، سه نفری که از قدیم می‌نوشیدند. بطری هنوز دست مرد عینکی بود و سه لیوان در دست همسفرش. آن‌ها را تقریبی پر کردند و دو مسافر از کمر خم شدند و به سلامتی هم نوشیدند. وقتی لیوان‌ها را به هم می‌زدند مردِ بی‌قرار سرش را یک‌وری گرفت، خورشید بامدادی لحظه‌ای روی عینکش درخشید و او زیر لب چیزی گفت. دوستش خندید. سپس نوشیدنی‌شان را یک‌ضرب سرکشیدند. گدا لیوانش را بالا گرفت و یکی دیگر خواست. لیوانش را دوباره پر کردند، بعد آن را از او گرفتند و سوار قطار شدند. گدا خوشحال از هجوم الکلِ در چرخش در اندام ناقصش، خود را روی گاری به‌طرف گروه دیگری از مسافران راند. دو مرد دوباره روی صندلی‌هایشان نشستند و آن‌که می‌شنید دیگر گفته‌اش را فراموش کرده بود، اما آن‌که به یاد می‌آورد، تازه اول یادآوری‌اش بود.

یک: در پاگرد

فقط این را می‌دانست که بدترین زمانِ ممکن است.

سه‌ساعت دم در آسانسور ایستاده بود. پنجمین سیگارش را می‌کشید و ذهنش همه‌جا می‌پرید.

چهره‌ها، نام‌ها، خاطره‌ها. تحمل تکه‌های کود خشکیده در دستش، پرندگان آبزی سوئدی در پرواز بالای سرش، مزارع گل‌های آفتاب‌گردان، بوی روغن میخک. عطر دلنشین و گرمِ نیتا[3] بعد از برگشتنش از بازی تنیس. عرقی که از تاج مویی می‌چکید، چهره‌ها، نام‌ها.

چهره‌ها و نام‌های مردگان هم به یادش می‌آمد.

می‌توانست از خانه صندلی‌ای بیاورد، اما به‌هرحال نگرانی سر پا نگهش می‌داشت. از آن گذشته، نشسته منتظر آسانسور بودن عجیب‌وغریب به نظر می‌آمد.

اوضاع، ناگهان تغییر کرده بود. بااین‌همه کاملاً منطقی به نظر می‌رسید، مثل باقیِ زندگی، مثلاً میل جنسی، ناگهان پیش آمده بود، بااین‌همه کاملاً منطقی به نظر می‌رسید.

سعی کرد به نیتا فکر کند، اما ذهنش اطاعت نمی‌کرد. مثل مگس لاشه بود، پر سروصدا و بی‌هدف و دست آخر هم روی تانیا[4] می‌نشست. بعد، دور می‌شد و وزوزکنان سراغ آن یکی دختر می‌رفت، روز الیا[5]. آیا از به یادآوردن خاطره‌ی او سرخ می‌شد یا در دل به آن اتفاق زننده افتخار می‌کرد؟

زیردست نوازیِ مارشال هم ناگهانی بود ولی آن‌هم کاملاً منطقی به نظر می‌رسید. آیا می‌شود گفت سرنوشت مارشال هم منطقی بود؟

چهره‌ی ریشو و مهربان جرگنسن؛ خاطره‌ی انگشتان حریص و خشمگین مادرِ دوردستش؛ پدر، پدرِ خوش‌ذات، دوست‌داشتنی و بی‌عرضه‌اش که کنار پیانو ایستاده بود و می‌خواند: «گل‌های داوودی مدت‌هاست در باغ پژمرده‌اند.»

صداهای ناهنجار در سرش؛ صدای پدرش، والس‌ها و پولکاهایی[6] که هنگام تملق گفتن به نیتا نواخته بود، چهار بار نفیر سوت فا دیز[7] کارخانه با واق‌واقِ بی‌امان سگ‌ها به نوازنده‌ی بی‌پناه باسون[8]، غوغای سازهای کوبه‌ای و بادی زیر جایگاهی با روکش فولادین برای دولتمردان.

صدایی از دنیای واقعی، همه‌ی این‌ها را قطع کرد؛ غژغژ ناگهانی موتور آسانسور. حالا پایش تکان‌تکان می‌خورد و به کیف کنارش ضربه می‌زد. صبر کرد؛ یک‌باره تهی از خاطرات و لبریز از ترس شد. آسانسور یک طبقه پایین‌تر توقف کرد. حواسش دوباره جمع شد. کیف را از زمین برداشت. احساس کرد

محتویاتش کمی جابه‌جا شد و با آن، ذهنش به داستان پیژامه‌ی پروکوفیف[9] پرید.

ولی نه مثل مگس لاشه، بیشتر شبیه یکی از آن پشه‌های آناپا[10] بود، همه‌جا می‌نشست و خون می‌مکید.

آن‌جا که ایستاده بود فکر می‌کرد می‌تواند کنترل ذهنش را در دست گیرد، اما شب بود و او تنها و به نظر می‌رسید که ذهنش او را در کنترل خود دارد. خب، شاعر می‌گوید، از سرنوشت گریزی نیست، از ذهن آدمی هم همین‌طور.

یاد دردی افتاد که آن شب موقع بیرون آوردن آپاندیسش کشیده بود. بیست و دو بار بالا آورد و هر ناسزایی می‌دانست نثار پرستار کرد. سپس به دوستی التماس کرد تا میلیشیایی[11] بیابد که با گلوله‌ای از درد خلاصش کند. به او التماس کرده بود: «برو بیاورش تا با گلوله‌ای از درد خلاصم کند.» اما دوستش از کمک کردن سر باز زده بود.

دیگر به دوست یا میلیشیا نیازی نداشت. حالا به اندازه‌ی کافی داوطلب وجود داشت.

صبح روز بیست و هشتم ژانویه 1936، در ایستگاه راه‌آهن آرخانگلسک[12]، به ذهن خود گفت که همه چیز خیلی دقیق شروع شده است. ذهنش پاسخ داد، نه! هیچ‌چیز چنان دقیق آغاز نمی‌شود، در تاریخی معین، در مکانی معین. همه‌چیز در مکان‌ها و زمان‌های مختلف روی می‌دهد. بعضی از آن‌ها حتی قبل از به دنیا آمدن تو، در کشورهای خارجی و در ذهن دیگران آغاز شده است.

بعدازاین هم هر اتفاقی قرار باشد بیفتد همه به همین طریق ادامه خواهد یافت، در مکان‌های دیگر و در ذهن دیگران.

یاد سیگارها افتاد؛ پاکت سیگارهای کازبک[13]، بلمور[14]، هرزگوین فلور[15]. یاد مردی افتاد که تنباکو را از نیم دو جین پاپیروزی[16] خالی می‌کرد و در پیپش می‌ریخت و خرده‌لول‌های مقوا و کاغذ را روی میز باقی می‌گذاشت. آیا می‌شد حتی در این مرحله درستش کرد، به عقب برگرداندش، برعکسش کرد؟ جواب را می‌دانست، همان چیزی بود که دکتر درمورد ترمیم «دماغ» گفته بود. «البته که می‌شود برش گرداند اما به شما اطمینان می‌دهم که خیلی بدتر می‌شوید.»

به زاکرفسکی[17] فکر کرد و به کاخ بزرگ و این‌که چه کسی ممکن است جایگزین او در آن کاخ شود. کسی این کار را کرده است. در این دنیا با چنین بنیادی، فقدان زاکرفسکی هرگز امکان نداشت. شاید وقتی در مدت نزدیک به یقینِ دویست میلیارد سال به بهشت نائل شدیم، آن‌وقت دیگر نیازی به وجود زاکرفسکی نباشد.

بعضی وقت‌ها ذهنش نمی‌خواست اتفاق‌ها را باور کند. این‌که نمی‌شود، چون هیچ‌وقت نشده است. سرگرد هم وقتی زرافه را دید، همین را گفت، اما می‌توانست بشود و داشت می‌شد.

سرنوشت. اصطلاحی سنگین برای چیزی که کاری درموردش نمی‌توان کرد. وقتی زندگی گفت، «و به‌این‌ترتیب» تو سر تکان دادی و آن را سرنوشت نامیدی و به‌این‌ترتیب سرنوشت او چنین بود که دمیتری دمیتریویچ[18] صدایش کنند. کاری بابتش نمی‌شد کرد. طبیعی است که مسیحی شدنش را به یاد نیاورد اما دلیلی نداشت که به واقعی بودن داستان شک کند. همه‌ی خانواده در اتاق کار مطالعه پدرش دور حوضچه‌ای سیار جمع شده بودند. کشیش وارد شد و از پدر و مادرش پرسید چه اسمی برای نوزاد انتخاب کرده‌اند. آن‌ها جواب دادند، یاروسلاو[19]. یاروسلاو؟ کشیش از این اسم خوشش نیامد. گفت که این اسم خیلی غیرمعمول است. گفت که بچه‌هایی را که اسمی غیرمعمولی دارند در مدرسه اذیت و مسخره می‌کنند. نه، نه، نمی‌شد پسر را یاروسلاو بنامند. پدر و مادرش از چنین مخالفت صریحی هاج‌و‌واج مانده بودند اما دلشان نمی‌خواست موجب رنجش شوند. آن‌ها پرسیدند، پس شما چه پیشنهاد می‌دهید؟ کشیش گفت، اسمی معمولی روی او بگذارید، مثلاً دمیتری. پدرش خاطرنشان کرد که اسم خود او هم دمیتری است و این‌که یاروسلاو دمیتریویچ به گوش خوش‌آهنگ‌تر از دمیتری دمیتریویچ می‌آید، اما کشیش موافق نبود. به‌این‌ترتیب او را دمیتری دمیتریویچ نامیدند.

نام چه اهمیتی داشت؟ او در سنت پترزبورگ به دنیا آمده، در پتروگراد بزرگ شده و در لنینگراد مانده بود، جایی که گاهی دوست داشت آن را سنت لنینزبرگ بنامد. نام چه اهمیتی داشت؟

او و سی و یک ساله بود. همسرش نیتا چند متر آن طرف‌تر، کنار دخترشان، گالینا[20] دراز کشیده بود. گالیا یک سالش بود. تازگی به نظر می‌رسید زندگی دمیتری ثبات یافته است. فهمیدنش هیچ‌وقت آسان نبود. شور عمیقی احساس می‌کرد ولی هیچ‌وقت در ابراز احساسات مهارت نداشت. حتی در مسابقه فوتبال

هم به‌ندرت مانند دیگران فریاد می‌زد و کنترلش را از دست می‌داد. به خواندن ساکت زیرنویس درمورد مهارت داشتن یا نداشتن یک بازیکن، قانع بود. بعضی‌ها این رفتار را ناشی از خشکی محافظه‌کارانه‌ی معمول در رفتار لنینگرادی‌ها می‌دانستند، اما در ورای این‌ها، یا در اساس، می‌دانست که شخصی خجالتی و بی‌قرار است. وقتی هم که کنار زن‌ها خجالتش را کنار می‌گذاشت، میان شوروشوق نامعقول و سرخوردگی ناگهانی سرگردان می‌ماند. انگار همیشه مترونومش اشتباه تنظیم شده بود.

بااین‌همه زندگی‌اش سرانجام نظم‌وترتیبی نسبی و درنتیجه آهنگی منظم پیدا کرده بود. فقط این‌که حالا دوباره همه چیز رو به بی‌ثباتی می‌رفت. کلمه‌ی بی‌ثبات، برای این تعبیر بیش از حد مثبت به نظر می‌رسید.

کیف کوچک مسافرتی کنار پایش زمانی را به یاد او می‌آورد که سعی می‌کرد از خانه فرار کند. آن موقع چند سالش بود؟ شاید هفت یا هشت سال. با خودش چمدان کوچک داشت؟ شاید نداشت؛ چون آن‌وقت مادرش حسابی جوش می‌آورد. تابستانی در آیرینوفکا[21] بود، جایی که پدرش شغل مدیرکلی داشت. جرگنسن کارمند دولت بود. اسباب‌اثاثیه، درست و تعمیر می‌کرد. مشکلات را طوری حل می‌کرد که بچه‌ها هم سر در بیاورند. هیچ‌وقت او را مجبور نمی‌کرد کار کند، فقط می‌گذاشت به تماشا بنشیند و ببیند که چطور او از تکه‌ای چوب، خنجر یا سوت می‌سازد. او بود که تکه‌ای تازه بریده شده از کود خشکیده را دستش داد تا بو بکشد.

دمیتری خیلی به جرگنسن وابسته شده بود. ازاین‌رو وقتی اوضاع بر وفق مرادش نبود، که اغلب هم همین‌طور بود، می‌گفت: «خیلی خب، می‌روم پیش جرگنسن می‌مانم.» یک روز صبح، وقتی هنوز در رختخواب بود، تهدید یا تصمیمش را به زبان آورد ولی همان یک‌بار برای مادرش کافی بود. مادر در جواب گفت، بلند شو لباست را بپوش خودم تو را می‌برم آنجا. دمیتری هم به این چالش پاسخ مثبت داد اما سوفیا واسیلیونا[22] محکم مچش را گرفت و گفت، وقت ساک برداشتن ندارد و هر دو پای پیاده از کنار مزرعه به‌طرف جایی که جرگنسن زندگی می‌کرد راه افتادند. اول کار، تهدیدش را جسورانه بیان کرده بود و با سینه‌ی سپرکرده کنار مادرش قدم برمی‌داشت، اما یواش‌یواش قدم‌هایش کند شد و مچ و سپس دستش را از چنگ مادر بیرون کشید. آن موقع فکر می‌کرد خودش دارد کنار می‌کشد اما حالا می‌فهمید که مادرش اجازه داده بود که یکی یکی انگشتانش را از دست او درآورد و آزاد شود، آزاد، نه برای زندگی کردن

با جرگنسن بلکه برای اینکه دمش را روی کولش بگذارد، زیر گریه بزند و به‌طرف خانه بدود.

دست‌ها، دست‌هایی که رها می‌شوند، دست‌هایی که محکم می‌چسبند. وقتی بچه بود از مرده‌ها می‌ترسید، می‌ترسید مبادا با دهان و چشمانی که پر بودند از خاک، از گورهایشان برخیزند، ناگهان او را بقاپند و داخل خاک سرد و سیاه بکشند. ترسش کم‌کم از بین رفت، چون فهمید دست زنده‌ها ترسناک‌تر از دست مرده‌ها است. روسپی‌های پتروگراد احترامی برای جوانی و معصومیتش قائل نبودند. هر چه زندگی سخت‌تر، حمله‌ی دست‌ها بیشتر؛ دست‌هایی که دراز می‌شد تا خودت، نانت، دوستانت، خانواده، نشاط و هستی‌ات را قاپ بزند. از دربان‌ها هم به اندازه‌ی روسپی‌ها می‌ترسید. همچنین از پلیس، حالا اسمشان هر چه می‌خواست باشد.

ولی در مقابل، ترس دیگری هم وجود داشت: ترس از رها شدن از دستانی که او را در امان نگه داشته بودند.

سال‌های سال، مارشال توخاچفسکی[23] او را در امان نگه داشته بود تا روزی که دمیتری قطرات عرق را دید که از پیشانی مارشال سرازیر شده است. دستمال سفید بزرگی، لرزان پیشانی را لمس می‌کرد و او دانست که دیگر در امان نیست.

مارشال، پخته‌ترین مردی بود که او تابه‌حال دیده بود. مشهورترین رزم‌آرای نظامی روسیه بود. روزنامه‌ها او را «ناپلئون سرخ» لقب داده بودند. همچنین عاشق موسیقی بود و به‌طور غیرحرفه‌ای ویولن می‌ساخت؛ مردی بود روشن‌ضمیر و کنجکاو که از بحث کردن درمورد رمان‌ها لذت می‌برد. در ده سالی که توخاچفسکی را می‌شناخت، اغلب او را دیده بود که بعد از تاریک شدن هوا با لباس رسمی مارشالی‌اش، نیمی در حال خدمت، نیمی مشغول بازی از شهر مسکو و لنینگراد می‌گذرد، سیاست را با سرگرمی می‌آمیزد، حرف می‌زند و بحث می‌کند، می‌خورد و می‌آشامد و مشتاق است به همه نشان دهد چشمش دنبال یک رقصنده‌ی باله است. دوست داشت تعریف کند که چطور فرانسوی‌ها به او راز نوشیدن را یاد داده بودند تا خمار نشود.

خودش هیچ‌وقت آن‌قدر به دنیا اهمیت نمی‌داد. اعتمادبه‌نفس نداشت، شاید علاقه‌ای هم به داشتنش نداشت. از غذاهای درهم و برهم خوشش نمی‌آمد و نوشیدنی، اراده‌اش را سست می‌کرد. آن‌وقت‌ها که دانشجو بود، قبل از آن‌که حزب، کنترل همه چیز را در دست بگیرد، همه چیز را مورد بازاندیشی قرار می‌داد و دوباره می‌ساخت و مثل بیشتر دانشجویان، فراتر از دانش خود، سفسطه

می‌بافت. برای مثال، حالا که دیگر روش‌های قدیمی برای همیشه منسوخ شده بودند باید درباره‌ی موضوع رابطه‌ی جنسی تجدیدنظر می‌کرد. یکی فرضیه‌ی «لیوان آب» را ارائه کرده بود. جوان‌های همه‌چیزدان می‌گفتند رابطه، به نوشیدن لیوانی آب می‌ماند. وقتی تشنه هستی، می‌نوشی و وقتی میل شدید داری، رابطه برقرار می‌کنی. او مخالف چنین فرضیه‌ای نبود اما به زن‌ها هم بستگی داشت که همان‌قدر که خواهان بودند همان‌قدر هم خواهان داشته باشند. بعضی‌ها داشتند و بعضی‌ها نداشتند، اما این خودِ قیاس بود که نتیجه‌گیری را به آن‌جا می‌رساند. لیوانی آب، دل را اسیر نمی‌کرد. از آن گذشته، دیگر خیلی وقت بود که تانیا وارد زندگی‌اش شده بود.

آن‌وقت‌ها که خواسته‌ی همیشگی‌اش را درباره‌ی زندگی کردن با جرگنسن به زبان می‌آورد، پدر و مادرش شاید فکر می‌کردند که از محدودیت‌های خانواده یا حتی کودکی به تنگ آمده است. حالا که به آن فکر می‌کرد چندان مطمئن نبود. چیز غریبی وجود داشت، چیزی کاملاً اشتباه که مربوط به خانه‌ی ییلاقی‌شان واقع در اراضی آیرینوفکا می‌شد. مثل هر بچه‌ی دیگری فکر می‌کرد اوضاع طبیعی است تا این‌که خلافش را شنید. این را از گفت‌وگو و خنده‌های بزرگ‌تر‌ها فهمید که همه چیز آن خانه نامتناسب است؛ اتاق‌ها در اندردشت با پنجره‌های بسیار کوچک. مثلاً اتاقی که پنجاه متر مربع بود فقط یک پنجره‌ی کوچک داشت. بزرگ‌ترها فکر می‌کردند احتمالاً سازنده‌ها واحد اندازه‌گیری‌شان را قاطی کرده‌اند، متر را به‌جای سانتی‌متر به کار برده‌اند و برعکس، اما وقتی دقت می‌کردی، متوجه می‌شدی که نتیجه‌ی آن برای یک پسربچه هر اس‌انگیز است. خانه از آن خانه‌هایی بود که گویی برای وحشتناک‌ترین خواب‌ها درست شده است. شاید برای همین بود که دمیتری می‌خواست از آن فرار کند.

همیشه نیمه‌شب دنبالت می‌آمدند. برای همین او ترجیح می‌داد به‌جای آن‌که با پیژامه از آپارتمان بیرونش بکشند یا مجبورش کنند جلو افراد سازمان اطلاعات داخلی (NKVD) که به‌طور تحقیرآمیزی بی‌احساس بودند، لباس بپوشد، با لباس کامل روی پتوها دراز بکشد و کیف‌دستی کوچکی آماده کنارش روی زمین بگذارد. دمیتری به‌ندرت می‌خوابید. دراز که می‌کشید، بدترین چیزها را در ذهن تصور می‌کرد. بی‌قراری‌اش هرازگاهی نیتا را بی‌خواب می‌کرد. هر دو دراز می‌کشیدند و وانمود می‌کردند که خوابیده‌اند. همچنین وانمود می‌کردند که وحشت بغل دستی‌شان را نمی‌شنوند و احساس نمی‌کنند. یکی از کابوس‌های دائمیِ بیداری‌اش این بود که سازمان اطلاعات داخلی، گالیا را می‌گیرد و تازه اگر خوش‌شانس باشد او را به یتیم‌خانه‌ای مخصوص بچه‌های دشمنان داخلی

می‌فرستد. آن‌جا نام تازه‌ای روی او می‌گذارند و شخصیت جدیدی پیدا می‌کند. در آن‌جا به شهروند نمونه‌ی شوروی تبدیل می‌شود و مثل گل آفتاب‌گردان کوچکی صورتش را برمی‌گرداند رو به خورشید بزرگی که خودش را استالین می‌نامد. از این‌رو دمیتری پیشنهاد کرد که ساعات گریزناپذیر بی‌خوابی‌اش را در پاگرد، دم در آسانسور بگذراند. نیتا اصرار داشت که اگر قرار است این آخرین شب‌شان باشد دلش می‌خواهد آن را کنار هم بگذرانند، اما این از آن بحث‌های نادری بود که در آن دمیتری حرفش را به کرسی می‌نشاند.

شب اولی که دم در آسانسور مانده بود، تصمیم گرفت سیگار نکشد. سه پاکت سیگار کازبکی توی کیفش بود و آن‌ها را برای موقع بازجویی و شاید بازداشتش نیاز داشت. این بهانه‌ای شد که دو شب اول را سپری کند. بعد به ذهنش رسید که اگر آن‌ها به‌محض رسیدن به کاخ بزرگ سیگارش را توقیف کنند آن‌وقت چه کند؟ یا اگر بازجویی در کار نباشد یا خیلی مختصر باشد آن‌وقت چه؟ شاید فقط کاغذی جلویش بگذارند تا امضا کند. یا اگر... دیگر مغزش کار نمی‌کرد، اما هر کدام از این شرایط که پیش می‌آمد سیگارش به هدر می‌رفت.

برای همین دلیلی پیدا نمی‌کرد که سیگار نکشد.

این بود که سیگار کشید.

به سیگار کازبک لای انگشتانش نگاه کرد. مالکو[24] یک بار با لحنی دلسوزانه و درواقع تحسین‌کننده گفته بود که دستانش کوچک‌اند و به درد پیانو زدن نمی‌خورند. همچنین با لحنی که کمتر بوی تحسین از آن می‌آمد گفته بود که زیاد تمرین نمی‌کند. البته بستگی داشت که منظور از «زیاد» چه باشد. دمیتری آن‌قدری که لازم بود تمرین می‌کرد. مالکو بهتر است به پارتیتور[25] و چوب میزانه‌اش[26] بچسبد.

شانزده ساله بود، در آسایشگاهی در کریمه، دوره‌ی نقاهت سل را می‌گذراند. تانیا و او همسن بودند و تاریخ تولدشان هم عین هم بود. فقط یک تفاوت جزئی وجود داشت: دمیتری متولد 25 سپتامبر بر پایه‌ی گاه‌شمار جدید بود و تانیا متولد 25 سپتامبر بر پایه‌ی گاه‌شمار قدیمی. این هم‌زمانی‌های تقریبی روابطشان را تضمین کرده بود یا به‌عبارت دیگر آن‌ها برای هم ساخته شده بودند. تاتیانا گلیونکو[27]، با آن موهای کوتاهش مثل دمیتری مشتاق زندگی بود. اولین عشق بود با همه‌ی سادگی آشکار و قضاوق‌درش. خواهر دمیتری، ماروسیا[28]، که همه‌جا او را می‌پایید، پیش مادرشان خبرچینی می‌کرد. سوفیا واسیلیونا در نامه‌ی بعدی برگشت، به پسرش درمورد این دختر ناشناس و رابطه با

او و درواقع هر رابطه‌ی دیگری اخطار داد. دمیتری با خودنمایی کاملِ یک نوجوان شانزده ساله، در پاسخ به مادرش اصول عشق آزاد را توضیح داد، اینکه همه باید آن‌طور که دلشان می‌خواهد آزادانه عشق بورزند و اینکه چطور عشق‌های نفسانی فقط مدت کوتاهی دوام می‌آورند، دیگر اینکه زن و مرد با هم مساوی‌اند و چطور باید سنت ازدواج را برانداخت، ولی اگر در عمل ادامه یابد، زن حق کامل دارد که اگر خواست رابطه‌ای دیگر داشته باشد و اگر طلاق خواست مرد باید قبول کند و زیان دهد اما در همه‌ی این‌ها علی‌رغم هر چیز دیگر، بچه‌ها مورد احترام‌اند.

مادرش پاسخ این توصیفات خودپسندانه و مقدس‌نمایانه از زندگی را نداده بود. به‌هرحال او و تانیا تقریباً همان اوایل دوستی باید از هم جدا می‌شدند. تانیا به مسکو برگشت و دمیتری و ماروسیا به پتروگراد برگشتند، اما مدام برای تانیا نامه می‌نوشت و یکدیگر را ملاقات می‌کردند. او اولین آهنگ سه‌سازه‌اش را به تانیا تقدیم کرد. مادرش همچنان مخالف بود. آن‌ها سرانجام، سه سال بعد، چند هفته‌ی معلوم را با هم در قفقاز سپری کردند. هر دو نوزده ساله و بدون همراه بودند. دمیتری تازه سیصد روبل از کنسرت خارکیف در آورده بود. آن چند هفته‌ای که با هم در آناپا بودند... حالا چقدر به نظرشان دور می‌آمد. چه مدت از آن گذشته بود... بیش از یک سوم زندگی‌اش.

همه چیز خیلی دقیق در صبح بیست و هشتم ژانویه 1936 در آرخانگلسک این‌طور شروع شد. از دمیتری دعوت کرده بودند تا اولین کنسرتوی پیانویش را با ارکستر محلی، زیر نظر ویکتور کوباتسکی[29] اجرا کند. همچنین هر دوی آن‌ها سونات جدید ویولن‌سل را نواخته بودند. اجرای خوبی از آب در آمده بود. صبح روز بعد دمیتری به ایستگاه راه‌آهن رفت تا روزنامه‌ی پراودا بخرد. نیم‌نگاهی به صفحه‌ی اول انداخت سپس سراغ دو صفحه‌ی بعدی رفت. آن‌طور که بعدها به زبان آورد، آن روز، به یادماندنی‌ترین روز عمرش بود و آن را مبدأ باقی زندگی‌اش تا زمان مرگ به‌حساب می‌آورد.

از آن گذشته، همان‌طور که مغزش لجوجانه به یاد می‌آورد، هیچ‌چیز آن‌قدر دقیق آغاز نمی‌شد، اما این یکی در مکان‌های مختلف و در اذهان مختلف شروع شد. شاید شهرت یا اپرایش این وضع را به وجود آورد. شاید هم استالین با آن شخصیت خطاناپذیرش مسئول همه چیز بود. می توانست علت ساده‌تری مثل طرح اولیه‌ی ارکستر هم باشد. درواقع این آخری را می‌شد بهترین دلیل دانست؛ آهنگ‌سازی که ابتدا محکوم و تحقیر شد و بعد دستگیر و اعدامش کردند و همه‌ی این‌ها به دلیل طرح اولیه‌ی یک ارکستر بود.

اگر همه‌ی این‌ها جای دیگر و در اذهان دیگران اتفاق افتاده بود شاید او می‌توانست شکسپیر را برای نوشتن مکبث، یا لسکوف را برای روسی کردن آن تحت نام «لیدی مکبث اهل متسنسک[30]» سرزنش کند. نه، هیچ‌کدام از این‌ها نبود. معلوم بود که تقصیر خودش است که قطعه‌ای نوشته که باعث رنجش شده است. اپرایش تقصیر دارد که چه در داخل کشور و چه در خارج، آن‌همه موفقیت کسب کرده و کنجکاوی کرملین را برانگیخته است. تقصیر استالین است چون‌که باعث الهام سر مقاله‌ی پراودا شده و آن را تأیید کرده، حتی شاید خودش آن را نوشته است. آن‌قدر اشتباهات دستوری در آن وجود داشت که معلوم بود به قلم کسی است که نمی‌شود آن را درست کرد. همچنین تقصیر استالین بود که خود را در درجه‌ی اول حامی هنر و خبره در آن تصور می‌کرد. مشهور بود که اجرایی از بوریس گادونوف[31] در بولشوی نیست که او در آن حضور نداشته باشد. او تقریباً به همان اندازه مشتاق تماشای اپرای پرنس ایگور[32] و سادکوی ریمسکی کورساکف[33] بود. پس چرا استالین نخواهد اپرای جدید و مورد تحسین «لیدی مکبث اهل متسنسک» را بشنود؟

همچنین به آهنگ‌سازش فرمان داده بودند که در اجرای اثر خودش در بیست و ششم ژانویه 1936 شرکت کند. رفیق استالین آن‌جا خواهد بود، همچنین رفیق مولوتف[34]، میکویان[35] و ژدانف[36]. آن‌ها در جایگاه دولتمردان می‌نشستند که از شانس بد درست بالای قسمت ساز‌های کوبه‌ای و بادی قرار داشت و این قسمت در هنگام اجرای «لیدی مکبث اهل متسنسک» قرار نبود آرام و به‌رسم تواضع عمل کند.

دمیتری یادش می‌آمد که از جایگاه رهبر ارکستر که در آن نشسته بود، به جایگاه دولتمردان نگاه می‌کرد. استالین پشت پرده‌ی کوچکی پنهان شده بود، حاضر نامحسوسی که دیگر رفیقان طراز اول، چاپلوسانه رو به او برمی‌گشتند و می‌دانستند که خود در انظار دیده می‌شوند. در این موقعیت، ارکستر و رهبرش به دلیل معلوم مشوش بودند. در میان‌پرده‌ی پیش از عروسی کاترینا، ساز‌های چوبی و بادی ناگهان خودسرانه بر آن شدند که بلندتر از آن چیزی بنوازند که دمیتری در پارتیتور اجازه داده بود. بعد از آن مثل ویروسی، دیگر قسمت‌ها را هم مبتلا کرد. اگر رهبر ارکستر متوجه هم می‌شد کاری نمی‌توانست بکند. ارکستر بلندتر و بلندتر می‌شد. هر موقع که ساز‌های چوبی و بادی بلندتر می‌نواختند، آن‌قدر بلند که شیشه‌ی پنجره‌ها را به لرزه درمی‌آورد، رفیقان میکویان و ژدانف از وحشت به خود می‌لرزیدند و رو به هیبت پشت پرده

می‌کردند و ادای مسخره‌آمیزی درمی‌آوردند. وقتی تماشاچیان در آغاز پرده‌ی چهارم سر بلند کردند تا جایگاه دولتمردان را ببینند، متوجه شدند که جایگاه خالی شده است.

دمیتری پس از اجرا کیف دستی‌اش را بست و مستقیم به ایستگاه شمالی رفت تا به قطار آرخانگلسک برسد. یادش آمد که فکر می‌کرد جایگاه دولتمردان را مخصوصاً با ورقه‌های پولادین تقویت می‌کنند تا کسانی که آنجا می‌نشینند از خطر ترور در امان بمانند ولی چنین روکشی برای جایگاه رهبر ارکستر در نظر گرفته نشده بود. او هنوز سی سالش هم نشده بود و همسرش پنج ماهه باردار بود.

سال 1936 بود و دمیتری همیشه درمورد سال‌های کبیسه افکاری خرافاتی داشت. مثل خیلی‌ها فکر می‌کرد که سال کبیسه بدیمن است.

موتور آسانسور باز هم صدا کرد. وقتی متوجه شد که آسانسور از طبقه‌ی چهارم گذشته است کیفش را برداشت و آن را کنار خود نگه داشت. منتظر شد تا در باز شود، چشمش به لباسی رسمی بیفتد و سر تکان‌دادنی به نشانه‌ی شناسایی، و سرانجام چشمش به دست‌هایی بیفتد که به‌طرف‌ش دراز شده‌اند و مچش را محکم می‌گیرند. البته این کار غیرضروری بود چون خودش مشتاق بود با آن‌ها برود تا از خانه و کاشانه و از همسر و فرزندش دورشان کند.

سپس درهای آسانسور باز شدند؛ همسایه‌ای از آسانسور پیاده شد که به طور دیگری سر تکان داد و قرار نبود رازی را برملا کند، حتی تعجبش را هم از دیدن او که آن‌وقت شب بیرون می‌رفت بروز نداد. دمیتری در پاسخ سرش را یک‌وری کرد، وارد آسانسور شد، دکمه‌ای را بی‌هدف زد، چند طبقه‌ای پایین رفت، چند دقیقه صبر کرد و سپس دوباره به طبقه‌ی پنجم برگشت، از آسانسور پیاده شد و همان جا به شب‌زنده‌داری‌اش ادامه داد. این اتفاق قبلاً و به همین شکل روی داده بود. هیچ کلمه‌ای ردوبدل نشده بود، زیرا کلمات خطرناک بودند. فقط ممکن بود چنین به نظر برسد که او مردی است که همسرش هر شب به‌طور تحقیرآمیزی او را از خانه بیرون می‌اندازد، یا مردی است که هر شب زنش را ول می‌کند و می‌رود و دوباره برمی‌گردد. ولی احتمال این هم وجود داشت که درست همانی به نظر برسد که بود، مردی که مثل صدها نفر دیگر، هر شب، در سرتاسر شهر انتظار دستگیری‌اش را می‌کشد.

سال‌ها قبل، در قرن گذشته، وقتی مادرش در مؤسسه‌ی زنان نجیب‌زاده‌ی ایرکوتسک[37] بود، همراه دو دختر دیگر در اپرای «زندگی برای تزار»، جلوی نیکولاس دوم، ولیعهد بعدی، مازورکا رقصیده بود. البته اپرای گلینکا،

حتی اگر مضمونش که داستان پندآمیز زارعی بود که زندگی‌اش را به پای رهبری بزرگ فدا کرده بود، به مذاق استالین خوش می‌آمد، در اتحاد جماهیر شوروی غیرقابل‌اجرا بود. دمیتری دلش می‌خواست بداند آیا زاکرفسکی چیزی درمورد «رقصی برای تزار» می‌داند. در روزگاران قدیم، بچه ممکن بود تاوان گناهان پدر یا در حقیقت مادر را بپردازد. امروزه در بیشتر جوامع پیشرفته‌ی روی کره زمین، والدین تاوان گناهان فرزندان را می‌پردازند، همچنین عموها، عمه‌ها، عموزاده‌ها، پدرشوهرها و مادرشوهرها، پدرزن‌ها و مادرزن‌ها، همکاران، دوستان و حتی مردی که موقع بیرون آمدن از آسانسور در ساعت سه صبح بی‌هیچ فکری به شما لبخند زده است. نظام کیفری حسابی پیشرفت کرده و بیش‌از‌پیش فراگیر شده بود.

در خانه قدرت دست مادرش بود، در خانه نینا واسیلیونا هم قدرت دست نینا بود. پدرش، دمیتری بولسلاوویچ[38]، مردی آرام و غیرمادی بود که سخت کار می‌کرد و دستمزدش را به زنش می‌داد و فقط کمی پول برای خریدن توتون نگه می‌داشت. صدای تنور خوبی داشت و پیانوی دونفره‌ی چهاردستی می‌زد. آهنگ‌های عاشقانه‌ی کولی‌ها را می‌خواند، آهنگ‌هایی مانند «آه، این تو نیستی که عاشقانه دوستش دارم» و «گل‌های داوودی مدت‌هاست در باغ پژمرده‌اند». عاشق اسباب‌بازی و بازی‌ها و داستان‌های پلیسی بود. فندکی نو یا پازلی فلزی ساعت‌ها سرگرمش می‌کرد. زندگی را آسان به دست نیاورده بود. مهر لاستیکی خاصی ساخته و همه‌ی اقلام داخل کتابخانه‌اش را با کلمات بنفش این‌طور مهر زده بود: «این کتاب از دی. بی. شوستاکوویچ دزدیده شده است.»

یک بار روانپزشکی که روی فرآیندهای خلاق تحقیق می‌کرد از دمیتری درمورد دمیتری بولسلاوویچ پرسید. او پاسخ داد که پدرش «یک آدم کاملاً طبیعی است.» این عبارت، بنده‌نوازانه نبود، بلکه آدم طبیعی بودن و هر روز با لبخندی بر لب از خواب برخاستن مهارت رشک‌برانگیزی بود. همچنین پدرش جوان مُرد، در اواخر چهل سالگی. مصیبتی بود برای خانواده و برای آن‌هایی که عاشقش بودند، اما شاید برای خود دمیتری بولسلاوویچ مصیبت نبود. اگر بیشتر از آن زنده می‌ماند شاهد فاسد شدن، بدبینی و وحشی شدن انقلاب می‌شد. البته خیلی به انقلاب علاقه نداشت و این یکی دیگر از نقاط قوتش بود.

موقع مرگ، زنش را بدون درآمد با دو دختر و پسر پانزده ساله‌ی نابغه در موسیقی تنها گذاشت. سوفیا و اسیلیونا کارهای پیش‌پا‌افتاده می‌کرد تا خرج آن‌ها را درآورد. به‌عنوان تایپیست در اداره اوزان و مقیاس‌ها کار می‌کرد و در ازای نان درس پیانو می‌داد. گاهی اوقات دمیتری فکر می‌کرد شاید همه‌ی

اضطراب‌هایش با مرگ پدر آغاز شده است، اما ترجیح می‌داد این را باور نکند زیرا باعث می‌شد دمیتری بولسلاوویچ را سرزنش کند. از این‌رو شاید بهتر بود که بگوید همه‌ی اضطراب‌هایش با مرگ پدر چند برابر شده است. بارها به نشانه‌ی موافقت با چنین کلمات تشویق‌کننده‌ای سر تکان داده بود: «حالا تو باید مرد خانواده باشی.» آن‌ها با توقع و احساس مسئولیت، باری روی دوش او می‌گذاشتند که قادر به تحملش نبود. سلامتی‌اش همیشه به مویی بند بود، با تماس دست‌های پزشکان ضربه زدن‌های آن‌ها و گوش کردن‌هایشان، با قاشقک معاینه، چاقو و آسایشگاه اخت شده بود. منتظر بود که مردانگیِ و عده‌داده‌شده در او رشد کند، اما می‌دانست که به‌راحتی آشفته می‌شود و به‌جای جسور بودن بیشتر خودسر است. برای همین هم در تصمیمش برای زندگی کردن با جرگنسن شکست خورده بود.

مادرش به لحاظ خلق‌وخو و شرایط، زن یک‌دنده‌ای بود. او دمیتری را حمایت کرد، به‌خاطرش کار کرد و همه‌ی امیدش را به او بسته بود. البته که دمیتری مادرش را دوست داشت، چطور می‌توانست نداشته باشد؟ اما مشکلاتی هم وجود داشت. آدم قدرتمند نمی‌تواند رودرروی کسی نایستد. آدم کم‌قدرت نمی‌تواند طفره نرود. پدر دمیتری همیشه از مشکلات گریخته بود و هم در مقابله با زندگی و هم در برابر زنش شوخی و حقه‌بازی پیشه کرده بود. حالا هم پسرش با اینکه خود را باارادهتر از دمیتری بولسلاوویچ می‌دانست، به‌ندرت در مقابل مادرش می‌ایستاد.

دمیتری می‌دانست که مادرش دفترچه‌ی خاطراتش را می‌خواند. از این‌رو آگاهانه در آن می‌نوشت، مثلاً در تاریخی در چند هفته بعد می‌نوشت، «خودکشی» یا گاهی «ازدواج».

مادر هم حقه‌های مخصوص به خود داشت. هروقت دمیتری سعی می‌کرد از خانه بیرون برود، سوفیا واسیلیونا در حضور او به دیگران می‌گفت: «پسرم اول باید از روی جنازه من رد بشود.»

هیچ‌کدام از آن‌ها نمی‌دانستند دیگری چقدر پای حرفش خواهد ایستاد.

دمیتری در پشت صحنه‌ی سالن کوچک هنرستان موسیقی احساس می‌کرد تنبیه شده است و برای خود دل می‌سوزاند. هنوز هنرجو بود و اولین اجرای عمومی موسیقی‌اش در مسکو خوب پیش نرفته بود؛ حاضران به‌طور آشکاری کار شبالین[39] را ترجیح داده بودند. بعد مردی با لباس نظامی کنارش پدیدار شد و کلماتی تسلی‌آمیز گفت و به‌این‌ترتیب دوستی‌اش با مارشال توخاچفسکی آغاز شد. مارشال نقش راهنما را برای او ایفا کرد و از فرماندهی ارتش لنینگراد برای

او کمک مالی گرفت. او آدم مفید و درستی بود. همین اواخر به همه‌ی کسانی که می‌شناخت گفته بود به نظر او «لیدی مکبث اهل متسنسک» اولین اپرای کلاسیک شوروی به‌حساب می‌آید.

توخاچفسکی فقط یک بار شکست خورده بود. او معتقد بود نقل مکان کردن به مسکو بهترین راه برای پیشرفت کاری شاگرد مورد حمایتش است و قول داده بود زمینه‌ی این نقل مکان را فراهم کند. سوفیا و اسیلیونا معلوم بود که با این نظر مخالف است. پسرش بیش از حد ضعیف و نحیف بود. چه کسی می‌توانست غیر از مادر مراقب شیر خوردن و پوره خوردنش باشد؟ توخاچفسکی قدرت و نفوذ و منابع تأمین مالی داشت، اما کلید روح دمیتری هنوز دست سوفیا و اسیلیونا بود. به‌این‌ترتیب دمیتری در لنینگراد ماند.

دمیتری را هم مثل خواهرهایش برای اولین‌بار در نه سالگی مقابل پیانو نشاندند. این زمانی بود که داشت دنیا را می‌شناخت. شاید هم قسمتی از دنیا را؛ به‌هرحال آن‌قدری بود که او را برای زندگی آماده کند. درک پیانو و موسیقی چندان سخت نبود، دست‌کم در مقایسه با درک چیزهای دیگر این‌طور بود. او سخت کار کرده بود زیرا احساس می‌کرد سخت کار کردن آسان است. از آن گذشته، از سرنوشت گریزی نیست. همه‌ی این‌ها با گذشت سال‌ها، معجزه به نظر می‌آمد، زیرا راهی پیش روی دمیتری می‌گذاشت که از مادر و خواهرهایش مراقبت کند، البته دمیتری مردی سنتی نبود و خانه و خانواده‌شان هم معمولی نبودند. گاهی اوقات بعد از کنسرتی موفق وقتی مورد تشویق قرار می‌گرفت و درآمدی حاصل می‌شد، احساس می‌کرد دیگر قادر است همان موجود دست‌نیافتنی یعنی مرد خانه و زندگی شود. بااین‌همه در مواقع دیگر حتی بعد از این‌که خانه را ترک کرد و ازدواج کرد و پدر شد، احساس پسری گمشده را داشت.

آن‌ها که او را نمی‌شناختند و آن‌هایی که موسیقی را فقط از دور دنبال می‌کردند شاید تصور داشتند که این اولین شکست اوست. چرا که می‌دیدند پسر نوزده ساله‌ی نابغه‌ای که ابتدا برونو والتر[40] و سپس توسکانینی[41] و کلمپرر[42] درمورد اولین سمفونی‌اش، نظر می‌دهند از اولین کارش در سال 1926 تاکنون چیزی غیر از یک دهه‌ی کامل و روشن از موفقیت به همراه نداشته است. همین مردم شاید با آگاهی به این‌که شهرت اغلب به نخوت و خودمحوری می‌انجامد احتمالاً روزنامه‌ی پراودایشان را باز می‌کنند و می‌گویند که آهنگ‌سازان خیلی راحت از نوشتن آهنگی که مردم می‌خواهند بشنوند، طفره می‌روند. همچنین از آن‌جایی که همه‌ی آهنگ‌سازان در استخدام دولت‌اند

پس اگر جرمی مرتکب شوند وظیفه‌ی دولت است که مداخله کند و آن‌ها را به همسازی بزرگ‌تری با شنوندگانشان برگرداند. این به نظر کاملاً منطقی می‌آید، این‌طور نیست؟

از این گذشته، آن‌ها از آغاز، تمرین کرده بودند که سوهان روحش شوند. وقتی هنوز در هنرستانِ موسیقی بود گروهی از رفقای هنرجوی چپ‌گرا سعی کرده بودند باعث اخراجش شوند و مواجب ماهیانه‌اش را ببرند. غیر از آن، انجمن کارگری موسیقی‌دانان روسیه و دیگر سازمان‌های فرهنگی مشابه از آغاز تکوینشان بر ضد آنچه دمیتری حامی‌اش بود یا آن‌ها فکر می‌کردند که حامی‌اش است، پیکار می‌کردند. آن‌ها مصمم بودند بورژوایی که گلوی هنر را فشار می‌دهد از بین ببرند. از این‌رو کارگران باید آموزش می‌دیدند تا آهنگ‌ساز شوند و همه‌ی آهنگ‌ها باید بی‌درنگ قابل‌فهم می‌شدند و به مذاق توده‌های مردم خوش می‌آمدند. چایکفسکی روبه‌زوال بود و کوچک‌ترین تلاش برای احیای آن به جرم صورتگرایی محکوم می‌شد.

از همه‌ی این‌ها گذشته، اوایل سال 1929 او را رسماً مورد نکوهش قرار دادند که موسیقی‌اش از جاده‌ی اصلی هنر شوروی به بیراهه کشیده شده است و از مقامش در کالج فنی رقص‌آرایی عزلش کردند. علاوه‌براین، همان سال میشا کودری[43]، که دمیتری اولین سمفونی‌اش را به او هدیه کرده بود، اولین دوست و هم‌پیمانش بود که دستگیر و اعدام شد.

دیگر این‌که در سال 1932 وقتی حزب، همه‌ی سازمان‌های مستقل را در خود ادغام کرد و مسئولیت همه‌ی امور فرهنگی را به دست گرفت، این اتفاق نه‌تنها نخوت، تعصب و جهل را از بین نبرد بلکه آن‌ها را به‌طور سازمان یافته‌ای تقویت کرد. بااین‌که نقشه‌ی تبدیل کارگر معدن به آهنگ‌سازی که سمفونی بسازد دقیقاً عملی نشد، اما خلافش اتفاق افتاد. از آهنگ‌ساز انتظار می‌رفت که تولیداتش را مثل معدنچیان افزایش دهد و آهنگش دل‌ها را گرم کند همان‌طور که زغال‌سنگ‌های استخراج شده‌ی معدنچیان آدم‌ها را گرم می‌کرد. بوروکرات‌ها تولیدات موسیقی را مثل انواع تولیدات دیگر با معیارهایی ثبت‌شده و سنجش انحراف از این معیارها ارزیابی می‌کردند.

دمیتری در ایستگاه قطار آرخانگلسک، با انگشتان یخزده روزنامه‌ی پراودا را که باز کرد در صفحه‌ی سومش مطلبی دید با عنوان: **هیاهو به‌جای موسیقی** که در آن انحراف را تعریف و محکوم کرده بود. بی‌درنگ تصمیم گرفت از راه مسکو به خانه برگردد تا در آنجا از کسی چاره‌جویی کند. در قطاری که مناظر یخزده از پشت پنجره‌هایش به‌سرعت می‌گذشتند عنوان مقاله را برای بار پنجم

و ششم خواند. ابتدا به‌خاطر اپرایش وحشت کرد، سپس همچنین برای خودش. چرا که بعد از چنین نکوهشی، احتمالاً اپرای «لیدی مکبث اهل متسنسک» نمی‌توانست در تئاتر بولشوی ادامه یابد. در دو سال گذشته همه‌جا آن را موردتحسین قرار داده بودند از نیویورک گرفته تا کلیولند، از سوئد تا آرژانتین. در مسکو و لنینگراد، نه‌تنها موردپسند مردم و منتقدان قرار گرفته بود بلکه کمیسرهای دولتی هم آن را پسندیده بودند. در زمان هفدهمین کنگره‌ی حزب، اجرای آن به‌عنوان قسمتی از تولیدات رسمی حوزه‌ی مسکو به شمار می‌آمد که قرار بود با سهمیه‌ی تولیدی معدنچیان دانباس[44] رقابت کند.

حالا همه‌ی این‌ها دیگر بی‌معنی بود. قرار بود اپرای او را مثل سگی واق‌واقو که ناگهان صاحبش را ناخشنود کرده است از بین ببرند. دمیتری سعی کرد تا جایی که امکان دارد با فکر باز عناصر مختلف این حمله را تحلیل کند. اول این‌که موفقیت بسیار زیاد اپرایش را، مخصوصاً در خارج از کشور بر ضدش به کار گرفته بودند. همین چند ماه قبل روزنامه‌ی پراودا از روی میهن‌پرستی اولین اجرای اثر را در سالن اپرای متروپولیتن آمریکا گزارش کرده بود. حالا همان روزنامه می‌دانست که اپرای «لیدی مکبث اهل متسنسک» فقط در خارج از اتحاد جماهیر شوروی موفقیت کسب کرده زیرا غیرسیاسی و مبهوت‌کننده بوده و کژسلیقگی بورژوایی را با موسیقی ناآرام و عصبی‌اش قلقلک داده است.

موضوع بعدی که به قبلی هم ارتباط داشت این بود که به نظر دمیتری به کار گرفتن آن تمسخرها و خمیازه کشیدن‌ها و سر برگرداندن‌های چاپلوسانه به‌طرف استالین پشت پرده به معنای انتقاد دولتمردان آن جایگاه بود. به‌این‌ترتیب در روزنامه‌ها می‌خواند که چطور آهنگش قات‌قات و خرخر و غرغر می‌کند و این‌که نهاد عصبی، متشنج و تنش‌زای آن از موسیقی جاز گرفته شده است و در آن به‌جای آواز خواندن جیغ می‌کشند. اپرا را آشکارا بی‌ارزش جلوه دادند تا طبقه‌ی فرومایه‌ای را خشنود کنند که تمام ذوق سالم موسیقی‌شان را از دست داده بودند و جریان درهمی از صداها را ترجیح می‌دادند. اپرانامه‌شان هم چیزی نبود غیر از نکبت‌بارترین بخش‌های داستان لسکف[45]. درنتیجه آنچه حاصل می‌شد، زمخت، ابتدایی و عوامانه بود.

اما گناهان او سیاسی هم بود. ازاین‌رو تحلیل فرد ناشناسی که درباره‌ی موسیقی همان‌قدر می‌دانست که خوک درباره‌ی پرتقال، با همان عناوین آشنا و ناخوشایند آراسته شد. خرده‌بورژوا، صورت‌گرا، پیرو مایرهولد[46]، چپ‌گرا.

آنچه آهنگ‌ساز نوشته بود اپرا نبود بلکه ضد اپرایی بود که در آن موسیقی، آشکارا زیرورو شده بود. دمتری قبلاً هم از این منبع نوشیده بود، منبع زهرآگینی که «نقاشی، شعر، آموزه و علم چپ‌گرای تحریف‌شده» تولید می‌کرد. درواقع اگر می‌خواستی آن را به‌وضوح تعبیر کنی، که همیشه هم لازم بود این کار را بکنی، باید می‌گفتی، چپ‌گرایی با هنر واقعی، علم واقعی و ادبیات واقعی در تقابل بود.

دمتری همیشه این جمله را به کار می‌برد که «آن‌ها که گوش شنوا دارند خواهند شنید.» اما حتی کر مطلق هم می‌شنید که «هیاهو به‌جای موسیقی» چه می‌گوید و می‌توانست پیامدهای آن را حدس بزند. با سه عبارت، نه‌تنها کژروی فرضی او بلکه شخص خودش را هم نشانه گرفته بودند. «معلوم است که این آهنگ‌ساز هرگز به موضوعی که تماشاچی شوروی در موسیقی جست‌وجو می‌کند و انتظار دارد، اصلاً توجه نکرده است.» همین کافی بود که عضویتش را در اتحادیه آهنگ‌سازان لغو کنند. «خطر چنین روندی برای موسیقی شوروی معلوم است.» همین کافی بود تا توانایی‌اش را برای آهنگ‌سازی و اجرا از بین ببرد و سرانجام «این بازی نبوغ ماهرانه ممکن است فرجام بدی داشته باشد.» این یکی هم باعث از بین بردن زندگی‌اش می‌شد.

بااین‌حال، دمتری جوان بود و به استعدادش اعتماد داشت و تا سه روز پیش از این کاملاً موفق بود. اگر هم در خلق‌وخو و فطرت، سیاست‌مدار نبود، کسانی بودند که بتواند به آن‌ها روی بیاورد. برای همین اولین کاری که در مسکو کرد این بود که نزد پلاتن کرژنسف[47]، رئیس کمیته امور فرهنگی رفت. در ابتدا نقشه‌ای را که در قطار کشیده بود توضیح داد. می‌خواست دفاعنامه‌ای درمورد اپرا و استدلال متقابل و مشروحی درمورد انتقاد وارد شده به آن بنویسد و به روزنامه‌ی پراودا تسلیم کند تا چاپ شود، اما کرژنسف با آن خصلت مبادیِ آداب و متمدنانه‌اش حتی به حرف‌های او گوش هم نکرد. آنچه در مقابلشان بود، نقد بدی نبود که منتقدی آن را نوشته باشد، کسی که عقیده‌اش هر روز هفته بنا به حال روحی‌اش تغییر کند. سردبیر پراودا آن را نوشته بود و قضاوتی زودگذر نبود که به‌شود بر ضدش فرجام خواست، بلکه عبارتی سیاست‌مدارانه از مقامی بلندپایه بود یا به‌عبارتی‌دیگر، آیه‌ی کتاب مقدس. تنها راهکاری که برای دمیتری دمیتریویچ باقی می‌ماند این بود که از مردم عذرخواهی کند، تقصیر گناهان را بر گردن بگیرد و توضیح دهد که وقتی اپرایش را می‌نوشته نادانی بیش از اندازه‌ی جوانی گمراهش کرده است. ورای همه‌ی این‌ها باید اعلام می‌کرد که قصد دارد خود را در موسیقیِ محلیِ اتحاد جماهیر شوروی غرق کند تا دوباره

به سمت موسیقی اصیل، مردمی و آهنگین هدایت شود. طبق گفته کرژنسف این تنها راهی بود که او می‌توانست از طریق آن محبوبیتش را دوباره به دست آورد.

دمیتری آدم مؤمنی نبود اما او را غسل تعمید داده بودند. گاهی اوقات قدم در کلیسایی عمومی می‌گذاشت تا برای خانواده‌اش شمعی روشن کند. انجیل را هم خوب بلد بود. ازاین‌رو با مفهوم گناه و سازوکار کلی آن آشنایی داشت؛ گناه، اعتراف کامل به گناه، قضاوت کشیش در مورد آن، ابراز پشیمانی، بخشش. بااین‌حال پیش می‌آمد که گناه آن‌قدر کبیره بود که حتی کشیش هم نمی‌توانست آن را ببخشد. بله، دمیتری فرمول و تشریفاتش را بلد بود حالا کلیسا هر چه می‌خواهد اسمش را بگذارد.

کار دوم دیدار مارشال توخاچفسکی بود. ناپلئون سرخ هنوز دهه‌ی چهل عمر خود را می‌گذراند و مردی بود مستبد و خوش‌تیپ با تاج مویی که به چشم می‌آمد. به همه‌ی آنچه اتفاق افتاده بود گوش کرد، با استدلال موقعیت شاگرد تحت حمایتش را تحلیل کرد و به پیشنهادی استراتژیک رسید که ساده، جسورانه و سخاوتمندانه بود. مارشال توخاچفسکی پیشنهاد داد تا خودش نامه‌ای خصوصی حاکی از میانجی‌گری به رفیق استالین بنویسد. خیال دمیتری دمیتریویچ کاملاً راحت شد. وقتی مارشال پشت میزش نشست و برگه‌ی کاغذی جلو خود گذاشت دمیتری احساس کرد باری از روی دوش و قلبش برداشته شده است، اما به‌محض این‌که مرد نظامی‌پوش قلم به دست گرفت و شروع به نوشتن کرد تغییری در او حاصل شد. عرق از سرش سرازیر شد و از تاج موهایش روی پیشانی و از پشت سر داخل یقه لباسش چکید. با یک دست، دستمال کاغذی را گلوله گلوله می‌کرد و با دیگری قلم را با تردید حرکت می‌داد. چنین ترسی شایسته‌ی یک نظامی نبود و نویدبخش به نظر نمی‌رسید.

در آناپا عرق از سرورویشان سرازیر بود. هوا در قفقاز خیلی گرم بود و او هرگز از هوای گرم خوشش نمی‌آمد. آن‌ها به ساحل لوبای چشم دوخته بودند اما دمیتری احساس می‌کرد دلش نمی‌خواهد با شنا کردن خودش را خنک کند. در سایه‌ی جنگل بالای شهر قدم زدند و پشه‌ها خدمت دمیتری رسیدند. سپس سگ‌ها دورهشان کردند و نزدیک بود زنده‌زنده آن‌ها را بخورند. هیچ‌کدام از این‌ها مهم نبود. آن‌ها مشغول وارسی فانوس دریایی شدند اما وقتی تانیا سرش را یک‌وری بالا گرفت، تمرکز دمیتری با چین‌های زیبای گردن او به هم خورد. آن‌ها به دیدن دروازه‌ی سنگی قدیمی رفتند که از قلعه‌ی عثمانی‌ها به جای مانده بود، اما دمیتری داشت به ساق پای تانیا فکر می‌کرد که وقتی راه می‌رفت چطور تکان می‌خورد. در طول آن هفته‌ها هیچ‌چیز در زندگی‌اش وجود نداشت مگر

عشق، موسیقی و نیش پشه‌ها؛ عشق در قلبش، موسیقی در سرش و نیش پشه‌ها بر پوستش. حتی بهشت هم خالی از حشرات نیست، اما دمیتری نمی‌توانست از دست آن‌ها دل‌خور باشد. نیششان را استادانه در جایی فرو می‌کردند که دست دمیتری به آن نمی‌رسید. لوسیون تانیا از عصاره‌ی گل‌های میخک بود. اگر پشه بهانه‌ای شده بود که انگشتان تانیا پوست او را لمس کند و باعث شود بوی گل میخک بگیرد، چرا باید از پشه‌ها ناراضی باشد؟

آن‌ها نوزده ساله بودند و به عشق آزاد ایمان داشتند. بیشتر مشتاق گردشگری در بدن هم بودند تا جذابیت‌های اطراف. فرامین فسیلی کلیسا، جامعه و خانواده را دور ریخته بودند و بی‌آن‌که زن و شوهر باشند، گریخته بودند تا مثل زن و شوهرها زندگی کنند. این کار هم، به اندازه‌ی هم‌آغوشی برایشان هیجان‌انگیز بود، شاید هم اصلاً نمی‌شد این‌ها را از هم جدا کرد.

اما زمانی هم رسید که فقط در تختخواب وقت نمی‌گذراندند. عشق آزاد ممکن است مشکلات اولیه را از سر راه بردارد اما بقیه‌ی مشکلات چه می‌شود؟ البته که عاشق یکدیگر بودند اما همیشه کنار دیگری بودن، حتی با 300 روبل درآمد دمیتری و با وجود شهرتش در جوانی، قابل‌درک نبود. وقتی آهنگ می‌ساخت، می‌دانست دقیقاً باید چه کار کند. درمورد این‌که موسیقی، یعنی موسیقی او به چه چیزی نیاز دارد، تصمیمات درستی می‌گرفت. وقتی هم که رهبران ارکستر یا تک‌نوازان مؤدبانه می‌پرسیدند که آیا این یکی بهتر نیست، همیشه پاسخ می‌داد: «چرا، مطمئنم حق با شماست، اما فعلاً دستش نزنیم. دفعه بعد تغییرش می‌دهم.» آن‌ها هم راضی می‌شدند، خودش هم، زیرا هرگز قصد اجرا کردن پیشنهادهای آن‌ها را نداشت. چون تصمیمات خودش و نبوغش درست بود.

اما در مواردی غیر از موسیقی این کار خیلی سخت بود. دمیتری آشفته می‌شد، ذهنش خوب کار نمی‌کرد و گاهی اوقات تصمیمی می‌گرفت که فقط اوضاع را آرام کند نه این‌که دلش بخواهد. شاید بلوغ هنری زودرسش به این معنا بود که او و سال‌های مفید رشد طبیعی را طی نکرده بود، اما دلیلش هر چه بود او در مسائل تجربی زندگی که شامل مسائل تجربی دل هم می‌شد موفق نبود. به‌این‌ترتیب، در آپانا در کنار شور عشق و لذت شخصی نسنجیده از رابطه‌ی جنسی، متوجه شد که وارد دنیای تازه‌ای می‌شود، دنیایی پر از سکوت‌های ناخواسته، نکات مورد سوءتفاهم و برنامه‌ریزی ناشی از ذهنی مشوش.

دوباره به شهرهای خودشان برگشتند، دمیتری به لنینگراد و تانیا به مسکو، اما همچنان به ملاقات هم می‌رفتند. یک روز که دمیتری مشغول تمام کردن

قطعه‌ای بود از تانیا خواست که کنارش بنشیند. حضورش به او احساس امنیت می‌داد. بعد از مدتی مادر دمیتری وارد شد. مستقیم به تانیا نگاه کرد و گفت: «برو بیرون بگذار میتیا[48] کارش را تمام کند.»

دمیتری جواب داد: «نه، من می‌خواهم تانیا اینجا بماند. کمکم می‌کند.»

این یکی از موارد نادری بود که او جلو مادرش ایستاد. شاید اگر این اتفاق بیشتر می‌افتاد زندگی‌اش فرق می‌کرد. یا شاید هم فرقی نمی‌کرد، کسی چه می‌داند؟ وقتی سوفیا و اسیلیونا ناپلئون سرخ را غافلگیر می‌کرد آیا دمیتری می‌توانست جان سالم به‌در برد؟

اوقاتی را که با هم در آپانا گذرانده بودند مثل شعری حماسی بود اما در تعریف شعر حماسی آمده است که فقط وقتی حماسی می‌شود که پایانی داشته باشد. دمیتری عشق را کشف کرده بود اما همچنین کشف کرده بود که عشق گذشته از این‌که او را «آنچه بود» می‌سازد و گذشته از این‌که همه‌جایش عطر گل میخک می‌گیرد او را خجالتی و بی‌اراده می‌کند. وقتی از تانیا دور بود او را خالص‌تر دوست داشت. وقتی با هم بودند هر دو طرف انتظاراتی داشتند که دمیتری قادر نبود آن‌ها را بفهمد یا به آن‌ها پاسخ بدهد. ازاین‌رو برای مثال آن‌ها نه به‌عنوان زن و شوهر بلکه به‌عنوان دو نفر با آزادی‌های برابر به قفقاز رفته بودند. آیا هدف از چنین ماجراجویی‌ای این بود که به زن و شوهر شدن واقعی ختم شوند؟ به نظر غیرمنطقی می‌آمد.

نه، چنین چیزی صادقانه نبود. یکی از موارد عدم تطابقشان برای هر دو طرف این بود که دمیتری تانیا را بیشتر دوست داشت. سعی می‌کرد حسادتش را تحریک کند؛ لاس زدن‌هایش را با زنان و حتی اغفال کردنشان را تعریف می‌کرد حالا چه خیالی چه واقعی، اما به نظر می‌رسید که تانیا را بیشتر خشمگین می‌کرد تا حسود. حتی بیش از یک بار تهدید به خودکشی کرد. حتی اعلام کرد با رقصنده‌ی باله‌ای ازدواج کرده است که احتمالاً چندان با عقل جور درنمی‌آمد، اما تانیا به همه‌ی این‌ها خندیده بود. خودش هم ازدواج کرده بود. همه‌ی این‌ها باعث شد دمیتری بیشتر عاشق او بشود. به او التماس کرد از شوهرش طلاق بگیرد و با او ازدواج کند. باز هم تهدید کرد خودکشی می‌کند. هیچ‌یک از این‌ها اثر نداشت.

پیش از آن تانیا با ملایمت گفته بود که از او خوشش می‌آید چون خالص و روراست است، اما دمیتری فکر کرد اگر چنین خصوصیاتی باعث نشده که او را به اندازه‌ی خودش عاشق کند پس بهتر است خصوصیاتش را تغییر دهد. نه

اینکه خالص و رور است نباشد اما این کلمات گویی برای آن بودند که او را در قفس نگه دارند.

متوجه شد که درمورد صداقت به شک افتاده است؛ صداقت شخصی، صداقت هنری. اگر این دو واقعاً به هم مربوط بودند چه ارتباطی میان آن‌ها وجود داشت و چه اندازه از این فضیلت را هرکسی دارا بود و چه مدت می‌شد آن را حفظ کرد. به دوستانش گفته بود اگر زمانی «اپرای لیدی مکبث اهل متسنسک» را لغو کند، آن‌ها باید نتیجه بگیرند که او از صداقت دور شده است.

خودش را به‌عنوان فردی با احساسات قوی می‌دید که مهارت ابراز آن‌ها را ندارد، اما چنین تفکری خیلی راحت او را تبرئه می‌کرد؛ این هم از روی صداقت نبود. درواقع او شخصی با اختلالات عصبی بود. فکر می‌کرد می‌داند چه می‌خواهد، آنچه را می‌خواست به دست می‌آورد، وقتی دیگر آن را نمی‌خواست، از دستش می‌داد و بعد دوباره آن را می‌خواست. معلوم بود که لوس است زیرا بچه‌ننه و تنها برادرِ دو خواهر و هنرمندی بود که انتظار می‌رفت سرشت هنری داشته باشد. موفق هم بود که این موفقیت باعث می‌شد که در رفتارش نخوت ناگهانی ناشی از شهرت به چشم بخورد. مالکو قبلاً او را متهم کرده بود که چهره‌ای حاکی از «نخوت روبه‌رشد» دارد، اما نگرانی بسیار زیاد باعث به وجود آمدن این شرایط‌شده بود. او شخصی بود با اختلالات عصبی. نه، حتی بدتر از آن، او دچار اختلالات روانی بود. چنین خلق‌وخویی از کجا ریشه می‌گرفت؟ نه از پدر، نه از مادر. خب، نمی‌شد کسی از خلق‌وخوی خودش فرار کند. این هم قسمتی از سرنوشت بود.

او در دل می‌دانست که عشق آرمانی‌اش چیست.

آسانسور از طبقه سوم و بعد چهارم گذشته و حالا مقابل او توقف کرده بود. دمیتری کیفش را برداشت. در آسانسور باز شد. مردی که او را نمی‌شناخت درحالی‌که آهنگ فیلم کانترپلان[49] را با سوت می‌زد از آن بیرون آمد. وقتی با خودِ آهنگ‌ساز روبه‌رو شد ناگهان سوتش را قطع کرد.

دمیتری در دل می‌دانست عشق آرمانی‌اش چیست. موپاسان در داستان کوتاهی درمورد فرمانده‌ی نظامی، جوانی در شهری مرزی در ساحل مدیترانه، آن را به تفصیل بیان کرده بود. اسم شهر آنتیب بود. به‌هرحال فرمانده عادت داشت در جنگل‌های خارج از شهر پیاده‌روی کند که همان جا با همسر موسیو پاریس، تاجری محلی آشنا شد. طبیعی بود که عاشقش شود. زن مدام توجهات او را رد می‌کرد تا این‌که یک روز به او گفت که شوهرش قرار است به سفری شبانه برود. قرار ملاقاتی گذاشتند اما در آخرین لحظه زن تلگرامی دریافت

کرد مبنی بر این‌که کار شوهرش زودتر تمام شده است و عصر همان روز به خانه برمی‌گردد. فرمانده که اشتیاق شدید دیوانه‌اش کرده بود به دروغ موقعیت اضطراریِ نظامی اعلام کرد و دستور داد دروازه‌های شهر را تا صبح روز بعد ببندند. شوهر تازه از راه رسیده را به زور سرنیزه دور کردند و او مجبور شد شب را در اتاق انتظار ایستگاه راه آهن آنتیب بگذراند تا فرمانده بتواند از چند ساعت عشق لذت ببرد.

درست است، او نمی‌توانست خود را مسئول آن شهر نظامی تصور کند، یا حتی مسئول دروازه‌ی ویران شده‌ی عثمانی در شهر خموده‌ی آبگرمی در ساحل دریای سیاه، اما در اصل این‌طور بود. به وقت عشق باید بی‌پروا بود، موانع را کنار زد و فکر فردا را نکرد. بعد از آن هم نباید پشیمان شد.

چه کلمه‌های خوبی، چه احساسات زیبایی. بااین‌همه، چنین رفتاری در توان او نبود. فکر می‌کرد اگر روزی فرمانده‌ی پادگانی هم بشود، ستوان جوانی مثل توخاچفسکی می‌تواند از پس او برآید. دیوانگی خودش از شور و هیجان... خب، این داستان دیگری است. با گاوک[50] در سفر بود، رهبر نسبتاً خوب ارکستر اما یک بورژوای به تمام معنا. آن‌ها در اودسا بودند. این اتفاق مربوط به دو، سه سال پیش از ازدواج او با نیتا بود. در آن زمان دمیتری هنوز سعی می‌کرد حس حسادت تانیا را تحریک کند؛ شاید حسادت نیتا را هم. بعد از شامی لذت‌بخش دمیتری به کافه‌ی هتل لندن برگشت و دو دختر را بلند کرد. شاید هم آن‌ها او را بلند کردند. به‌هرحال آن‌ها سر میز دمیتری آمدند. خیلی زیبا بودند. دمیتری هم بی‌درنگ جذب آن یکی شد که اسمش روزالیا بود. آن‌ها از هنر و ادبیات حرف زدند و دمیتری او را نوازش می‌کرد. بعد، آن‌ها را با کالسکه به خانه رساند و دوست روزالیا رویای‌اش را برگرداند تا نوازش‌های دمیتری را نبیند. او عاشق بود تا این‌جایش را می‌دانست. دو زن برنامه ریخته بودند که روز بعد با کشتیِ بخار به باتومی بروند و دمیتری هم رفت تا بدرقه‌شان کند، اما دخترها هرگز اسکله را ترک نکردند چون دوست روزالیا را به جرم روسپی‌گری حرفه‌ای دستگیر کردند.

این واقعه دمیتری را غافلگیر کرد. درعین‌حال عشق شدیدی نسبت به روزاشکا[51] احساس می‌کرد. مثل شخصیتی در رمانی بد، سرش را به دیوار می‌کوبید و روی موهای دختر اشک می‌ریخت. گاوک درمورد آن دو زن به او شدیداً هشدار داد و گفت هر دو روسپی و حسابی بدکاره‌اند، اما این هشدار فقط هیجان او را تشدید کرد و فکر کرد خیلی خوش خواهد گذشت. چنان خوش گذشته بود که نزدیک بود با روزاشکا ازدواج کند. غیر از آن، وقتی به دفتر ثبت اسناد

در اودسا رسیدند متوجه شد مدارک هویتش را در هتل جا گذاشته است. بعد یادش نبود که چرا و چطور این کار را کرده است. نتیجه این شد که زیر باران سه صبح با قایقی که تازه در سوکومی لنگر انداخته بود فرار کرد. همه‌ی این‌ها برای چه اتفاق افتاده بود؟

اما نکته این‌جا بود که او اصلاً پشیمان نبود. نه مانعی، نه اندیشه‌ای در مورد فردا. چیزی نمانده بود که با یک روسپی ازدواج کند. با خود فکر کرد دلیلش شرایط بوده و عنصری از احساس دیوانگی مشترک. همچنین دلیل دیگرش روح تناقضات موجود در درون او بود. «مادر، این روز الیا است، همسرم. مطمئناً غافلگیر نشدی، دفتر خاطراتم را نخوانده‌ای؟ آنجا که نوشته بودم: ازدواج با یک روسپی؟ برای زن‌ها خوب است که شغلی داشته باشند، تو این‌طور فکر نمی‌کنی؟» همچنین طلاق دادن هم آسان بود، پس چرا که نه؟ دمیتری عاشقش شده بود و چند روز بعد کم مانده بود با او ازدواج کند و چند روز بعدش زیر باران از او فرار کرده بود. آن‌وقت، گاوک پیر در رستوران هتل لندن نشسته بود و سعی می‌کرد تصمیم بگیرد که یک کتلت بخورد یا دو تا. یکی می‌خواست بگوید، خب که چه؟ بعد از همه‌ی این‌ها آخرش موقعی می‌فهمی که دیگر خیلی دیر شده است.

او مردی درون‌گرا بود که جذب زن‌های برون‌گرا می‌شد. آیا این هم قسمتی از مشکل بود؟

دمیتری سیگار دیگری روشن کرد. میان هنر و عشق، میان ستمگر و ستمدیده، همیشه سیگاری وجود داشت. وارث زاکرفسکی را مجسم کرد که پشت میزش نشسته است و پاکت سیگار بلوموری تعارف می‌کند. دمیتری رد می‌کند و یکی از سیگارهای کازبکی خودش را تعارف می‌کند. بازپرس هم به نوبه‌ی خودش رد می‌کند و هریک سیگار مخصوص خود را روی میز می‌گذارند. رقص پایان می‌یابد. سیگار کازبکی را هنرمندان می‌کشیدند و طرح روی پاکت، آزادی را نشان می‌داد: اسبی که با سوارکارش مقابل کوه کازبک چهار نعل می‌تاخت. از شخص استالین هم خواسته بودند که این کار هنری را تأیید کند. هرچند که رهبر بزرگ سیگار مخصوص خود، هرزگوین فلور را می‌کشید. این سیگار را با وسواس وحشتناکی مخصوص او درست می‌کردند. نه این‌که استالین سیگار هرزگوین فلور را به لب بگذارد و به همین سادگی بکشد. نه، او ترجیح می‌داد کاغذ نخ سیگار را پاره کند و توتون آن را در پیپش بریزد. آن‌طور که دیده‌ها به ندیده‌ها گفته بودند، همیشه کاغذها و پاکت‌های پاره و توتون روی میز استالین پخش‌وپلا بود. او این را می‌دانست، یا بهتر بگوییم، بیشتر از یک بار این

را به او گفته بودند زیرا هیچ‌چیز درمورد استالین آن‌قدر بی‌ارزش نبود که بشود از آن گذشت.

هیچ‌کس دیگری در حضور استالین، هرزگوین فلور نمی‌کشید، مگر آن‌که تعارفش کند، بعدش هم حیله‌گرانه سعی می‌کردند آن را نکشند تا بعد از ملاقات مثل باقی‌مانده‌ی اثری مقدس از گذشته کیفش را ببرند. آن‌هایی که اوامر استالین را اجرا می‌کردند دوست داشتند بلوموری بکشند. افراد سازمان اطلاعات بلوموری می‌کشیدند. طرح پاکت آن، نقشه‌ی روسیه را نشان می‌داد. کانال دریای سفید به رنگ سرخ مشخص شده و به دنبالش نام سیگار آمده بود. این دستاورد اتحاد جماهیر شوروری بزرگ در اوایل دهه‌ی سی با کار اجباری به‌دست آمده بود. اغلب درباره‌ی واقعیت تبلیغات زیادی می‌کردند. ادعا می‌شد که محکومین در حال ساختن این کانال فقط به ملت خدمت نمی‌کردند بلکه خود را نیز از نو می‌ساختند. خب، صد هزار کارگر وجود داشت پس امکان آن بود که بعضی از آن‌ها از نظر اخلاقی پیشرفت کنند اما گفته می‌شد که یک چهارمشان مرده‌اند پس واضح بود که از نو ساخته نشده بودند. آن‌ها صرفاً تراشه‌هایی به‌حساب می‌آمدند که هنگام هرس کردن جنگل این‌طرف‌و‌آن‌طرف پریده بودند. مأموران اطلاعات هم سیگارهای بلوموری‌شان را روشن می‌کردند و در دودی که از آن برمی‌خاست رؤیاهای تازه‌ای از به کار بردن تبر را نقاشی می‌کردند.

بی‌شک لحظه‌ای که نیتا وارد زندگی‌اش شد او داشت سیگار می‌کشید. نینا وارزار [52] بزرگ‌ترین خواهر از سه خواهر وارزار، تازه از زمین تنیس خارج شده بود و شادی، خنده و عرق از سر تا پایش سرازیر بود. دارای اعتمادبه‌نفس ورزشکاری و شهرت با موهایی چنان طلایی که گویی به شکلی چشم‌هایش را هم طلایی کرده بود؛ پزشکی شایسته و عکاسی ممتاز که تاریک‌خانه‌ای مخصوص خود داشت. درست است که علاقه‌ای بیش از حد به امور خانواده نداشت اما دمیتری هم همین‌طور بود. در فضای یک رمان همه‌ی دل‌اپسی‌های زندگی‌اش، آمیخته‌ی توان و ضعفش، پتانسیل دیوانه شدنش، همه و همه در گردابی از عشق ناپدید می‌شد و راه به‌سوی آرامش شادمانه‌ی ازدواج می‌برد، اما یکی از نقاط دل‌سردکننده‌ی زندگی این بود که به رمان شباهتی نداشت، نه رمانی از موپاسان نه از هیچ‌کس دیگر. خب، شاید شبیه قصه‌ی طنز کوتاهی از گوگول بود.

به‌این‌ترتیب دمیتری و نینا یکدیگر را دیدند و عاشق شدند ولی دمیتری هنوز در صدد این بود که تانیا را از شوهرش بقاپد. سپس تانیا باردار شد و دمیتری و نینا قرار ازدواج گذاشتند اما در لحظه‌ی آخر دمیتری نتوانست تن به ازدواج

دهد، پس روز عروسی حاضر نشد، فرار کرد و پنهان شد اما باز هم هر دو به رابطه‌شان ادامه دادند و چند ماه بعد عروسی کردند. سپس نینا معشوقی اختیار کرد و آن‌ها به این نتیجه رسیدند که مشکلاتشان چنان است که باید جدا شوند و طلاق بگیرند. بعد دمیتری معشوقه‌ای گرفت. آن‌ها جدا شدند و برای طلاق رسماً اقدام کردند اما وقتی طلاق گرفتند متوجه شدند که اشتباه کرده‌اند و شش هفته بعد دوباره ازدواج کردند اما همچنان مشکلاتشان حل‌نشده باقی بود. در این گیرودار دمیتری برای معشوقه‌اش یلنا نوشت: «من مردی سست‌اراده‌ام و مطمئن نیستم که بتوانم خوشبختی را به دست آورم.»

بعد نینا باردار شد و همه‌ی آنچه ضروری بود به ثبات رسید. از آن گذشته، نینا چهارمین ماه بارداری را می‌گذراند، که سال کبیسه 1936 آغاز شد و بیست و شش روز از سال جدید گذشته بود که استالین تصمیم گرفت به اپرا برود.

اولین کاری که بعد از خواندن مقاله سردبیر پراودا کرد این بود که به گلیکمن[53] تلگرافی فرستاد. از دوستش خواست تا به اداره پست مرکزی لنینگراد برود و اشتراکی باز کند تا همه‌ی بریده‌های روزنامه‌ها به دستش برسد. گلیکمن هر روز آن را به آپارتمان او می‌آورد و هر دو با هم آن‌ها را می‌خواندند. دمیتری آلبوم بزرگی خرید و مقاله‌ی «هیاهو به‌جای موسیقی» را در صفحه اول آن چسباند. گلیکمن معتقد بود این کار مازوخیستی افراطگرایانه است اما دمیتری گفته بود: «باید آنجا باشد. باید آنجا باشد.» سپس هر مقاله‌ی تازه‌ای را که در می‌آمد در آن می‌چسباند. تا پیش از این هرگز به خود زحمت نمی‌داد نقدها را نگه دارد اما این یکی فرق می‌کرد. حالا آن‌ها نه‌تنها این موسیقی را نقد می‌کردند بلکه سردبیر درمورد موجودیت دمیتری مقاله می‌نوشت.

او متوجه شد که چرا منتقدانی که تا دو سال پیش مدام اپرای «لیدی مکبث اهل متنسنسک» را تحسین می‌کردند ناگهان دیگر هیچ نکته‌ی مثبتی در آن پیدا نکردند. بعضی، بی‌طرفانه به اشتباهات گذشته‌شان اعتراف کردند و توضیح دادند که مقاله‌ی پراودا موانع را از پیش چشم آن‌ها برداشته است و این‌که چقدر موسیقی و آهنگ‌ساز فریبشان داده است! سرانجام متوجه شده‌اند که صورت‌گرایی، جهان‌شهری و چپ‌گرایی چه خطری برای ماهیت واقعی موسیقی روسیه به ارمغان آورده‌اند! دمیتری همچنین متوجه شد که کدام موسیقی‌دان‌ها حالا بیانیه‌های عمومی بر ضد کار او صادر کرده‌اند و کدام‌یک از دوستان و آشنایان سعی کرده‌اند از او فاصله بگیرند. دمیتری با آرامشی متعادل و آشکار نامه‌هایی را می‌خواند که اعضای عادی دولت که بیشترشان به‌طور اتفاقی آدرس خصوصی او را یافته بودند برایش می‌فرستادند. بسیاری از آن‌ها

او را نصیحت می‌کردند که باید خراب‌کاری‌اش را جبران کند تا سرش را بر باد ندهد. سپس عبارتی که از آن گریزی نبود کم‌کم در روزنامه‌ها پدیدار و در بیشتر جمله‌ها جا داده شد. برای مثال: «امروز کنسرتی از دشمن مردم، شوستاکوویچ اجرا می‌شود.» چنین کلماتی را هرگز به‌طور اتفاقی و بدون تأیید مقامات بالا استفاده نمی‌کردند. دمیتری نمی‌دانست چرا حالا دولت توجهش را سوی او و موسیقی معطوف کرده است. دولت همیشه به کلمات بیشتر علاقه نشان می‌داد تا به نت موسیقی، نویسندگان، مهندسان روح بشر بودند نه آهنگ‌سازان. نویسندگان را در صفحه‌ی اول پراودا محکوم می‌کردند و آهنگ‌سازان را در صفحه‌ی سوم. دو صفحه با هم اختلاف داشتند، اما باز هم این ناچیز نبود. می‌توانست به‌اندازه‌ی اختلاف مرگ و زندگی باشد.

مهندسان روح بشر، عبارتی سرد و مکانیکی. اگر هنرمند با روح بشر سروکار ندارد پس کارش با چیست؟ شاید هنرمندی بخواهد فقط نقش تزئینی داشته باشد یا فقط سگ خانگی پولدارها و قدرتمندان باشد. دمیتری خودش همیشه از نظر احساسی، سیاسی و در اصل هنری مخالف اشراف‌سالاری بود. در دوران خوشی که همین چند سال پیش داشت وقتی آینده‌ی همه‌ی کشور، حالا آینده‌ی بشریت به کنار، در حال بازسازی بود، به نظر می‌رسید که همه‌ی هنرها سرانجام در نقطه‌ی مشترک باشکوهی به هم خواهند رسید. موسیقی و ادبیات، تئاتر و فیلم، معماری، باله و عکاسی به شکلی پویا با هم شریک می‌شدند تا نه‌تنها جامعه را بازتاب دهند یا از آن انتقاد کنند یا به سخره بگیرند بلکه آن را بسازند. هنرمندان به اراده‌ی خود و بدون هیچ گرایش سیاسی به روح همنوعشان کمک می‌کنند تا رشد یابد و شکوفا شود.

چرا که نه؟ این قدیمی‌ترین رؤیای هنرمند بود. شاید هم حالا که فکر می‌کرد، قدیمی‌ترین خواب‌وخیالش، زیرا صاحب‌منصبان سیاسی خیلی زود آمده بودند تا کنترل اوضاع را به دست بگیرند تا آزادی، تخیل، پیچیدگی و ریزه‌کاری‌هایی را که بی‌آن هنر بی‌مایه می‌شود، از آن بشویند. «مهندسان روح بشر». دو مشکل اصلی وجود داشت. اول این‌که خیلی از مردم نمی‌خواستند روحشان مهندسی شود، خب، خیلی ممنون. آن‌ها وقتی به این دنیا آمده بودند از همان روحی که داشتند راضی بودند و وقتی سعی کنید رهبری‌شان کنید مقاومت می‌کنند. بفرمایید این کنسرت رایگان را در فضای باز را ببینید، رفیق. آه، ما واقعاً معتقدیم که شما باید شرکت کنید. بله، البته که اختیاری است اما اگر نیایید ممکن است بد شود...

دومین اشکال مهندسی کردن روح بشر مهم‌تر بود. مشکل این بود: چه کسی مهندسان را مهندسی می‌کند؟

دمیتری کنسرتی را در فضای باز پارکی در خارکوف به خاطر آورد. اولین سمفونی همه‌ی سگ‌های همسایه را به واق‌واق انداخت. جمعیت خندیدند، ارکستر بلندتر نواخت، سگ‌ها بلندتر واق زدند، جمعیت بیشتر خندید. حالا موسیقی دمیتری سگ‌های بزرگتری را به واق‌واق انداخته بود. تاریخ، خود را تکرار می‌کرد: اول به شکل کمدی، دوم به صورت تراژدی.

دمیتری نمی‌خواست خودش را شخصیتی نمایشی کند، اما گاهی اوقات که ذهنش در ساعاتی پرواز می‌کرد با خود می‌گفت: پس تاریخ به اینجا خواهد رسید. همه‌ی آن تکاپوها، آرمان‌گرایی‌ها، امیدها و پیشرفت‌ها، علوم و فنون و خلاصه همه‌ی آن احساسات درونی به اینجا ختم می‌شود که مردی دم در آسانسور بایستد و کنار پایش کیف کوچکی باشد حاوی سیگار، لباس زیر و پودر دندان. بایستد و منتظر باشد تا بیایند و او را ببرند.

سعی کرد ذهنش را متوجه آهنگ‌ساز دیگری با کیف مسافرتی دیگری کند. پروکوفیف اندکی بعد از انقلاب، روسیه را به مقصد غرب ترک کرده بود. اولین‌بار در سال 1927 برگشت. سرگئی سرگیویچ[54] مرد پیچیده‌ای بود با ذائقه‌های گران‌قیمت. در ضمن دانشمندی مسیحی بود، البته این ربطی به داستان ندارد. مأموران گمرک در مرز شوروی آدم‌های پیچیده‌ای نبودند. برعکس، مغزشان پر بود از خیال اخلال‌گری و جاسوسی و ضدانقلابی. آن‌ها کیف پروکوفیف را باز کردند و چیزی در آن یافتند که گمراهشان کرد: یک دست پیژامه. تایش را باز کردند، آویزان نگهش داشتند، این‌ور و آن‌ورش کردند و با تعجب به هم نگاهی انداختند. شاید سرگئی سرگیویچ دستپاچه شده بود. به‌هر‌حال گذاشت تا همسرش توضیح بدهد، اما پاتاشکا بعد از سال‌ها تبعید فراموش کرده بود که معادل روسی بلوز شب چه می‌شود. سرانجام مشکل با ادا و شکلک حل شد و به زن و شوهر اجازه دادند وارد کشور شوند، اما این واقعه، از آن‌هایی بود که فقط برای پروکوفیف می‌توانست اتفاق بیفتد.

کدام مردی آلبوم می‌خرد و آن را با مقاله‌های توهین‌آمیزی پر می‌کند که درموردش نوشته شده است؟ مردی دیوانه؟ مردی طعنه‌زن؟ مردی روس؟ او یاد گوگول افتاد که مقابل آینه ایستاده بود و هرازگاهی اسم خودش را با لحنی تنفرآمیز و غریب فریاد می‌زد. به نظر او چنین رفتاری از مردی دیوانه سر نمی‌زد.

وضعیت رسمی دمیتری مثل وضعیت یک بولشویک غیر حزبی بود. استالین دوست داشت بگوید که بهترین وضعیت یک بولشویک، تواضع اوست. بله، شوروی سرزمین فیل‌ها بود.

وقتی گالینا به دنیا آمد، دمیتری و نیتا با هم شوخی می‌کردند که اسمش را سامبرینا بگذارند یعنی گیج کوچک تا مسیحی شود. گیج کوچولو. این کارشان زورآزمایی کنایه‌آمیز بود. ولی نه، خودزنی احمقانه به‌حساب می‌آمد.

نامه‌ی توخاچفسکی به استالین بی‌پاسخ ماند. دمیتری دمیتریویچ خودش نصیحت پلاتون کرژنسف را دنبال نکرد. هیچ بیانیه‌ی عمومی منتشر نکرد، بابت هیجانات جوانی پوزش نخواست و توبه نکرد. با‌این‌حال از سمفونی چهارمش، که به نظرِ آن‌هایی که گوش شنوا نداشتند به‌طورحتم آمیخته‌ای از قات‌قات و خرخر و غرغر به‌حساب می‌آمد، صرف‌نظر کرد. درضمن همه‌ی اپراها و باله‌هایش را از مجموعه حذف کرد. سیر حرفه‌ای‌اش کاملاً متوقف شد.

بهار 1937، اولین مذاکره‌اش با دولت انجام شد. البته پیش از آن هم با دولت حرف زده بود یا دولت با او؛ مقامات رسمی، صاحب‌منصبان و سیاست‌مداران‌ی که پیشنهاد می‌دادند، طرح می‌آوردند یا اخطار می‌کردند. دولت از طریق روزنامه‌ها به‌طور عمومی با او حرف زده و به‌طور خصوصی در گوشش زمزمه کرده بود. تازگی، دولت او را تحقیر کرده، نشاط را از او گرفته و به او امر کرده بود که توبه کند. دولت به او گفته بود چه جور کاری از او می‌خواهد و او چطور باید زندگی کند. حالا هم شاید با تجدیدنظر اشاره به این داشت که اصلاً نمی‌خواهد او زندگی کند. دولت تصمیم به رویارویی با او گرفته بود. اسم دولت، زاکرفسکی بود و خود را به مردم لنینگراد از جمله دمیتری این‌طور معرفی می‌کرد که در کاخ بزرگ سکونت دارد. بسیاری از آن‌هایی که به کاخ بزرگ واقع در خیابان لیتینی می‌رفتند دیگر هرگز پیدایشان نمی‌شد.

به او صبح روز یکشنبه وقت ملاقات داده بودند. به همه از جمله خانواده و دوستان گفته بود که این بی‌شک ملاقاتی تشریفاتی است، شاید هم پیامد طبیعی همان مقاله‌های ضد او در پراودا باشد. خودش هم این را باور نداشت و می‌دانست آن‌ها هم باور نمی‌کنند. آن‌ها را به کاخ بزرگ فرا‌نمی‌خواندند تا درمورد تئوری موسیقی بحث کنند. البته دمیتری خوش‌قول بود و دولت ابتدا بی‌کم‌وکاست و مؤدب. زاکرفسکی از کارش پرسید، اینکه امور حرفه‌ای‌اش چطور پیش می‌رود و قصد دارد بعد از این چه آهنگی بسازد. دمیتری در پاسخ، یا بهتر است بگوییم در واکنش به سؤال گفت، سمفونی‌ای آماده می‌کند با موضوع لنین که احتمالاً علت فراخواندنش هم همین بود. سپس فکر کرد بد

نباشد به حملات پیاپی روزنامه به او اشاره کند و رد کردن سرسری موضوع توسط بازجویش او را بیشتر تحریک کرد. بعد، درمورد دوستانش از او سؤال کردند و این‌که چه کسانی را به‌طور مرتب می‌بیند. دمیتری نمی‌دانست به چنین پرسش‌هایی چطور جواب بدهد. زاکرفسکی کمکش کرد.

«می‌دانم که با مارشال توخاچفسکی آشنایی دارید.»

«بله، او را می‌شناسم.»

«بگویید چطور با او آشنا شدید.»

دمیتری یاد ملاقات پشت صحنه‌اش در سالن کوچک مسکو افتاد. توضیح داد که مارشال یکی از عاشقان شناخته‌شده‌ی موسیقی بوده که در خیلی از کنسرت‌های او شرکت کرده است. او ویولن می‌نوازد و حتی برای سرگرمی ویولن می‌سازد. مارشال او را به آپارتمانش دعوت کرده بود و آن‌ها هم با موسیقی نواخته بودند. او ویولن‌زن غیرحرفه‌ایِ خوبی است. منظورش واقعاً «خوب» بود؟ شاید بهتر بود بگوید، قابل. بله، قابل پیشرفت.

اما زاکرفسکی علاقه‌ای نداشت بداند انگشت‌گذاری و فن نواختن مارشال چطور پیشرفت کرده است.

«زیاد به خانه او رفت‌وآمد می‌کردید؟»

«بله، گهگاهی.»

«گهگاهی در مدت چند سال؟ هشت سال؟ نه یا ده سال؟»

«بله، احتمالاً همین حدود.»

«پس، بهتر است بگوییم، چهار یا پنج بار در سال. چهل، پنجاه بار در کل؟»

«فکر کنم، کمتر. هیچ‌وقت نشمرده‌ام، اما کمتر از این باید باشد.»

«اما شما دوست صمیمی مارشال توخاچفسکی بوده‌اید.»

دمیتری صبر کرد تا فکر کند. «نه، دوست صمیمی نبوده، اما دوست خوبی بوده است.»

دمیتری نگفت که مارشال پشتوانه‌ی مالی برای او تدارک دیده، او را نصیحت کرده و از طرف او برای استالین نامه نوشته است. زاکرفسکی یا این‌ها را می‌دانست یا نمی‌دانست.

«چه کس دیگری در این چهل، پنجاه باری که در خانه‌ی دوست خوبتان بوده‌اید حضور داشته است؟»

«افراد زیادی نبوده‌اند. فقط اعضای خانواده.»

«فقط اعضای خانواده؟» لحن بازجو، به حق مشکوک بود.

«و موسیقی‌دان‌ها و موسیقی‌شناس‌ها.»

«و احتمالاً بعضی سیاست‌مداران؟»

«نه، هیچ سیاست‌مداری نبود.»

«کاملاً مطمئنید؟»

«خب، می‌دانید گاهی جمع بیشتری هم بودند ولی من نمی‌دانم... من درواقع فقط مشغول پیانو زدن بودم.»

«درمورد چه چیزی صحبت می‌کردید؟»

«موسیقی.»

«و سیاست.»

«نه.»

«خواهش می‌کنم! چطور ممکن است کسی اصلاً درمورد سیاست با شخصی مثل مارشال توخاچفسکی حرف نزند؟»

«بهتر است بگوییم او میان دوستان و موسیقی‌دانان از کار حرف نمی‌زد.»

«و سیاست‌مداران دیگری هم بودند که از کار حرف نزنند؟»

«نه، هرگز. هیچ‌وقت در حضور من حرفی از سیاست‌مداران نبود.»

بازجو مدتی طولانی به او چشم دوخت. سپس لحن صدایش عوض شد، گویی می‌خواست او به جدیت و تهدیدآمیز بودن مقامش پی ببرد.

«حالا فکر کنم باید حافظه‌تان را تکانی بدهید. نمی‌شود که به‌طور مرتب در ده سال اخیر به خانه‌ی مارشال توخاچفسکی، به‌عنوان دوست خوب او، رفت‌وآمد کنید و حرفی از سیاست نزنید. به‌طور مثال دسیسه‌ای برای براندازی رفیق استالین نیندیشید. در این مورد چه شنیده‌اید؟»

از کجا می‌دانست که او مردی مرده است؟ «یک ساعت دیگر هم وقت باقی است.» و این یک ساعت از آنِ او بود. دمیتری تا آن‌جا که می‌توانست آشکارا تأکید کرد که هیچ سخنی از سیاست در خانه‌ی مارشال توخاچفسکی نشده است. جمع آن‌ها فقط مخصوص موسیقی عصرانه بوده و بس و امور دولتی را با شال و کلاه دم در گذاشته‌اند. مطمئن نبود این عبارت بهترین باشد، اما زاکرفسکی فقط گوش می‌داد.

بازجو گفت: «پس توصیه می‌کنم کمی بیشتر فکر کنید. بعضی از میهمان‌های دیگر از قبل توطئه را مطرح کرده‌اند.»

دمیتری متوجه شد که حتماً توخاچفسکی دستگیر شده و پیشینه‌ی حرفه‌ای او پایان یافته است. همین‌طور زندگی‌اش. فهمید که بازجویی‌ها آغاز شده و هر کسی که اطراف مارشال بوده است به‌زودی از پهنه‌ی زمین ناپدید می‌شود.

معصومیت خودش ربطی به موضوع نداشت. حقیقت پاسخ‌هایش هم بی‌ربط بود. تصمیم گرفته شده بود. اگر لازم بود نشان دهند که تبانی، آن‌طور که کشفش کرده یا از خودشان درآورده بودند، آن‌قدر گسترده است که حتی دامن بیشتر آهنگ‌سازان مشهور کشور را که اخیراً مورد بی‌احترامی قرار گرفته بودند، آلوده می‌کند، آن‌وقت باید آن را علنی می‌کردند. این موضوع لحن حق به‌جانب بازجو را موقع به پایان رساندن بازجویی توجیه می‌کرد.

«خیلی خب، امروز شنبه و ساعت دوازده است. می‌توانید بروید، اما فقط چهل و هشت ساعت به شما مهلت می‌دهم. روز دوشنبه، ساعت دوازده، باید همه چیز را بی‌کم‌وکاست به یاد آورید. باید همه‌ی جزئیات گفت‌وگو درمورد توطئه علیه رفیق استالین را به خاطر آورید. همان گفت‌وگویی که شما شاهد اصلی‌اش بودید.»

دمیتری مردی مرده بود. به نیتا همه چیز را گفت و در ورای اطمینانی که او به شوهرش می‌داد متوجه این بود که او هم دمیتری را مردی مرده می‌داند. می‌دانست که باید اطرافیانش را حمایت کند و برای این منظور باید آرام باشد اما فقط آشفته بود. هر چیزی را که ممکن بود سند جرمی باشد سوزاند. ولی به‌محض این‌که برچسب دشمن مردم و همدست توطئه‌گر مشهور به آدم بچسبانند، هر چیزی که در اطراف است سند جرم به‌حساب می‌آید. باید همه آپارتمان را می‌سوزاند. برای نیتا می‌ترسید و برای مادرش، برای گالیا، برای هرکسی که به آپارتمانش آمدورفت کرده بود.

«از سرنوشت گریزی نیست.» به‌این‌ترتیب در سن سی سالگی می‌مرد. درست است که بزرگ‌تر از پرگولسی[55] بود اما از شوبرت جوان‌تر بود، همچنین از خود پوشکین. نام و موسیقی‌اش کاملاً نابود می‌شد. دیگر زنده نبود و گویی هیچ‌وقت زنده نبوده است. او اشتباهی بود که به‌سرعت اصلاحش کرده بودند؛ چهره‌ای در عکس که در عکاسی بعدی ناپدید می‌شد. اگر در آینده هم تا حدی از او پرده برمی‌داشتند، چه می‌یافتند؟ چهار سمفونی، یک کنسرتوی پیانو، چند سویت مربوط به ارکستر، دو قطعه چهارگانه‌ی زهی، اما نه، یک قطعه‌ی تمام شده، چند آهنگ پیانو، سوناتای ویولن‌سل، دو اپرا، چند موسیقی فیلم و باله. او را با چه چیزی به یاد خواهند آورد؟ اپرایی که باعث بی‌حرمتی‌اش شد یا سمفونی‌ای که آگاهانه از آن صرف‌نظر کرد؟ شاید اولین سمفونی‌اش آغاز طرب‌انگیزی برای کنسرت آثار حرفه‌ای آهنگ‌سازانی می‌شد که اقبال این را داشتند که بیش از او عمر کنند.

اما متوجه بود که حتی این هم آرامشی کاذب است. آنچه او می‌اندیشید بی‌ربط بود. آینده، آنچه را لازم بود، تعیین می‌کرد. برای مثال، تعیین می‌کرد که موسیقی او کاملاً بی‌ارزش است. تعیین می‌کرد که او از سر نخوت به جایگاه آهنگ‌سازی رسیده و خود را درگیر توطئه‌ای خیانت‌آمیز علیه رئیس مملکت کرده است. چه کسی می‌توانست بگوید آیندگان چه چیزی را باور خواهند کرد؟ ما انتظار زیادی از آینده داریم، امیدواریم با زمان حال وارد جدل شود. چه کسی می‌توانست بگوید مرگ او چه سایه‌ای بر خانواده‌اش خواهد افکند؟ دمیتری، گالیا را در شانزده سالگی در یتیم‌خانه سیبریایی در نظر آورد که فکر می‌کند پدر و مادرش او را بی‌رحمانه رها کرده‌اند و حتی نمی‌داند که پدرش آهنگ هم می‌ساخته است.

اوایل وقتی تهدیدها علیه او شروع شد به دوستانش گفت: «حتی اگر هر دو دست مرا ببرند، با قلمی در دهانم به نوشتن موسیقی ادامه می‌دهم.» منظورش از این کلمات سرکشانه این بود که روحیه‌ی همه از جمله خودش را بالا نگه دارد، اما آن‌ها نمی‌خواستند دست‌هایش آن دست‌های کوچک «نامناسب برای پیانویش» را ببرند. شاید می‌خواستند شکنجه‌اش بدهند تا با هر چه می‌گویند بی‌درنگ موافقت کند چون ظرفیت تحمل درد را نداشت. نام‌هایی را در مقابل او می‌گذاشتند و او همه را همدست معرفی می‌کرد. دمیتری مختصر و مفید می‌گفت، نه، که خیلی زود تبدیل می‌شد به بله، بله و بله، بله. من آن موقع در خانه‌ی مارشال بودم. بله، شنیدم که چیزی می‌گفت درمورد موضوعی که شما مطرح کردید. بله، این ژنرال و آن سیاست‌مدار در توطئه دست داشتند. من خودم دیدم و شنیدم، اما داستان غلوآمیز بریدن دست‌هایش اتفاق نخواهد افتاد، فقط گلوله‌ای از پشت توی کله‌اش خالی خواهند کرد.

حرف‌هایش در بهترین حالت، لاف زدنی ابلهانه و در بدترین وضع آرایه‌ی ادبی خواهند بود. دولت هم علاقه‌ای به آرایه‌های ادبی ندارد. دولت فقط واقعیت‌ها را می‌شناسد و زبانی که پر از نیک‌واژه‌ها و عبارات باشد یا برای آشکار کردن یا پوشاندن آن واقعیت‌ها طراحی شده باشد. در شوروی تحت حکومت استالین، آهنگ‌سازی وجود نداشت که با قلم در دهانش آهنگ بنویسد. از این به بعد فقط دو دسته آهنگ‌ساز وجود خواهد داشت: آن‌هایی که زنده و وحشت‌زده‌اند و آن‌هایی که مرده‌اند.

تازگی چقدر احساس می‌کرد که دوران جوانی فنانابذیر و از آن فراتر، فاسدنشدنی است. همچنین دوران جوانی، باور کردن خوبی و حقانیت همه

استعدادها و همه آهنگ‌هایش بود. همه این‌ها به‌هیچ‌وجه تضعیف کننده نبود، فقط در حال حاضر کاملاً بی‌ارزش به‌حساب می‌آمد.

شنبه شب و دوباره یکشنبه شب، آن‌قدر نوشید تا خوابش برد. موضوع پیچیده‌ای نبود. سرش گیج می‌رفت و یکی دو لیوان نوشیدنی باعث می‌شد راحت بخوابد. این نقطه‌ضعف درواقع امتیازاتی هم داشت. نوشیدن، سپس استراحت کردن درحالی‌که دیگران همچنان می‌نوشیدند. این کار باعث می‌شد صبح روز بعد سرحال‌تر باشد و بهتر کار کند.

آناپا به‌عنوان مرکز انگور ترابی مشهور بود. یک بار به شوخی به تانیا گفته بود که ترجیح می‌دهد ودکا ترابی شود. و حالا شاید در آخرین شب‌های زندگی‌اش همین کار را می‌کرد.

آن روز صبح نیتا را بوسید، گالیا را برای آخرین‌بار بغل کرد و با اتوبوس به‌طرف ساختمان خاکستری حزن‌انگیز خیابان لیتینی رفت. همیشه خوش‌قول بود و برای خوش‌قول ماندن هر کاری می‌کرد. به رودخانه نیوا نگاهی انداخت که بعد از همه آن‌ها هنوز جاری می‌ماند. در کاخ بزرگ خود را به نگهبان ورودی معرفی کرد. سرباز فهرستش را نگاه کرد اما نتوانست نام او را بیابد. از او خواست نامش را تکرار کند. او هم تکرار کرد. سرباز دوباره فهرست را نگاه کرد.

«شغلتان چیست؟ برای دیدن چه کسی آمده‌اید؟»

«بازجو زاکرفسکی.»

سرباز آهسته سر تکان داد. سپس بی‌آن‌که سر بلند کند گفت: «خب، می‌توانید برگردید خانه، اسمتان در فهرست نیست. زاکرفسکی امروز نمی‌آید. برای همین کسی پذیرای شما نیست.»

به‌این‌ترتیب اولین گفت‌وگویش با دولت پایان یافت.

دمیتری به خانه رفت. حدس زد کلکی در کار باشد. آن‌ها گذاشته بودند او برود، بعد دنبالش کنند و همه دوستان و آشنایانش را دستگیر کنند، اما این اقبال کوچکی در زندگی‌اش به‌حساب می‌آمد. بین شنبه و دوشنبه، زاکرفسکی کاری کرد که مورد ظن قرار گرفت. بازجو مورد بازجویی قرار گرفت و دستگیرکننده، دستگیر شد. بااین‌همه اگر نپذیرفتنش در کاخ بزرگ حقه نبود می‌توانست فقط تأخیری اداری باشد. آن‌ها بعید بود که دست از تعقیب توخاچفسکی بردارند. به‌این‌ترتیب انفصال زاکرفسکی، گرفتاری موقتی به‌حساب می‌آمد. زاکرفسکی جدیدی بر سر کار می‌آمد و موعظه‌ها از سر گرفته می‌شد.

سه هفته بعد از دستگیری مارشال، او را همراه فرد طراز اول ارتش سرخ اعدام کردند. توطئه‌ی ژنرال برای ترور رفیق استالین به موقع کشف شده بود. از جمله اطرافیان نزدیک توخاچفسکی که باید دستگیر و اعدام می‌شدند دوست مشترکشان نیکولای سرگیویچ ژیلیایف[56]، موسیقی‌شناس برجسته بود. شاید باید صبر می‌کردند تا توطئه موسیقی‌شناسان و به دنبال آن، آهنگ‌سازان و نوازندگان ترامبون را کشف کنند. چرا که نه؟ «در دنیا چیزی نیست مگر دیوانگی.»

چیزی نگذشت که همه به تعریف پروفسور نیکولایف[57] از موسیقی‌شناس می‌خندیدند. پروفسور می‌گفت، فرض کنید داریم خاگینه می‌خوریم. آشپز من، پاشا آن را درست کرده است و شما و من مشغول خوردنیم. مردی از راه می‌رسد که نه آن را درست کرده و نه خورده است اما طوری درموردش حرف می‌زند که گویی همه چیز را درباره آن می‌داند. به او موسیقی‌شناس می‌گویند.

اما حالا که موسیقی‌شناسان را اعدام می‌کردند دیگر این تعریف خنده‌دار به نظر نمی‌رسید. جرم نیکولای سرگیویچ ژیلیایف، آشوبگری، ایجاد رعب و جاسوسی عنوان شده بود.

برای همین شب‌زنده‌داری‌هایش دم در آسانسور آغاز شد. او در این کار تنها نبود. دیگران هم در شهر همین کار را می‌کردند تا آنهایی را که دوست داشتند شاهد دستگیری‌شان نباشند. دمیتری هر شب همان کار را تکرار می‌کرد. بعد از تخلیه کردن روده‌هایش، دخترش را در خواب و زنش را در بیداری می‌بوسید، کیف کوچکش را از دست او می‌گرفت و در خانه را می‌بست. گویی برای شب‌کاری بیرون می‌رفت. درواقع به‌نوعی همین‌طور بود. بعد می‌ایستاد و صبر می‌کرد، به گذشته فکر می‌کرد، از آینده می‌ترسید و در زمان حال زودگذر سیگار می‌کشید. کیف کنار پایش بود تا به او اطمینان بدهد و دیگران را دلگرم کند. این را تجربه کرده بود. باعث می‌شد طوری به نظر برسد که مسئول اتفاقات است نه قربانی آن‌ها. طبق باورهای سنتی مردانی که با کیف خانه را ترک می‌کردند دوباره باز می‌گشتند. مردانی که با لباس‌خواب از رختخوابشان بیرون کشیده می‌شدند اغلب برنمی‌گشتند. درست یا غلط بودنش مهم نبود. آنچه اهمیت داشت این بود که او طوری به نظر برسد که گویی از چیزی نمی‌ترسد.

یکی از سؤال‌هایی که در ذهن داشت این بود: آیا آن‌جا ایستادن و منتظر آن‌ها ماندن، شجاعت به نظر می‌رسید یا بزدلی؟ یا هیچ‌کدام و فقط خردمندانه بود؟ انتظار نداشت پاسخ این سؤال‌ها را دریابد.

آیا جانشین زاکرفسکی مانند خود او، اول با مقدمه‌چینی مؤدبانه شروع می‌کرد، بعد جدی می‌شد، تهدید می‌کرد و دعوتش می‌کرد تا با فهرستی از اسامی برگردد؟ اما حالا که توخاچفسکی دستگیر، محکوم و اعدام شده بود دیگر چه مدرکی علیه او نیاز داشتند؟ بیشتر احتمال داشت این هم قسمتی از تحقیقات درمورد دایره‌ای از دوستان دورتر مارشال باشد که با دوستان صمیمی‌تر او در ارتباط بودند. از او درمورد باورهای سیاسی و خانواده و دوستان کاری‌اش پرس‌وجو خواهند کرد. خب، می‌تواند خودش را به یاد آورد که پسربچه‌ای ایستاده جلو آپارتمان خیابان نیکولایوفسکایا است و با افتخار روبان سرخی روی کتش زده است. بعد یادش بیاید که با گروهی از همدرسه‌ای‌هایش به ایستگاه فاینلند دویده‌اند تا به استقبال لنین که به روسیه بازمی‌گشت بروند. اولین آهنگ‌هایی که پیش از «اثر اول» رسمی‌اش ساخت «رژه خاکسپاری برای قربانیان انقلاب» و «سرودی برای آزادی» نام داشت.

اما جلوتر که رفت و اقعیت‌ها دیگر واقعیت نبودند، صرفاً عباراتی بودند که می‌شد از آن‌ها تفسیرهایی تفرقه‌انداز کرد. او در مدرسه با بچه‌های کرنسکی[58] و تروتسکی[59] درس می‌خواند و این زمانی باعث افتخار بود و زمانی مورد علاقه، اما حالا شاید جز شرمندگی خاموش چیزی نداشت. به‌این‌ترتیب عمویش ماکسیم لاورنتیویچ کاستریکین[60] که بولشویکی پیر بود به سیبری تبعید شد چون در انقلاب 1905 شرکت داشت و اولین مشوق احساسات گرم انقلابی برادرزاده‌اش بود، اما بولشویک پیر که زمانی باعث افتخار و رحمت بود حالا بیشتر مورد لعنت واقع می‌شد.

دمیتری هرگز وارد حزب نشده بود و نمی‌شد. نمی‌توانست وارد حزبی شود که مردم را می‌کشت؛ به همین سادگی، اما به‌عنوان یک بولشویک غیرحزبی اجازه داده بود از او تصویری طرف‌دار حزب بسازند. او برای فیلم‌ها، باله‌ها و موسیقی‌های دارای متن و سرودهای مذهبی که انقلاب و همه متعلقاتش را باشکوه جلوه می‌داد، آهنگ ساخته بود. سمفونی دومش قطعه موسیقی آوازداری برای دهمین جشن سالگرد انقلاب بود و در آن ابیات بسیار نفرت‌انگیز الکساندر بزیمنسکی[61] را گنجانده بود. پارتیتورهایی هم در تحسین سوسیالیستی کردن و تقبیح کارشکنی در صنعت نوشته بود. موسیقی‌اش برای فیلم کانترپلان موفقیتی بی‌نظیر به‌حساب می‌آمد. در این فیلم گروهی از کارگران کارخانه به‌طور خودجوش طرحی ابداع می‌کردند که تولید را بالا ببرند. «آهنگ کانترپلان» را در سرتاسر کشور با سوت می‌زدند و هنوز هم زمزمه‌اش می‌کردند. در حال

حاضر، شاید برای همیشه و به‌طورقطع تا زمانی که لازم بود، دمیتری روی سمفونی‌ای کار می‌کرد که به لنین تقدیم کرده بود.

شک داشت که هیچ‌کدام از این‌ها بتواند جانشین زاکرفسکی را قانع کند. آیا هیچ بخشی از وجودش به کمونیسم اعتقاد داشت؟ فقط در صورتی اعتقاد داشت که در مقابلش فاشیسم باشد، اما دمیتری به آرمان‌شهر، به کمال‌پذیری بشر و مهندسی روح اعتقادی نداشت. پس از پنج سال که از سیاست جدید اقتصادی لنین گذشت، دمیتری به دوستش نوشت، «بهشت دویست میلیارد سال دیگر روی زمین می‌آید.» اما حالا فکر می‌کرد احتمالاً زیادی خوش‌بین بوده است.

فرضیه‌ها واضح، متقاعدکننده و قابل‌فهم بودند. زندگی درهم و برهم بود و پر از ابهام. دمیتری فرضیه‌ی عشق آزاد را تجربه کرده بود؛ اول با تانیا، سپس با نیتا. درواقع با هر دوی آن‌ها در یک زمان. آن‌ها قلبش را لبریز کرده و هنوز می‌کردند. کشف این‌که فرضیه‌ی عشق با حقیقت زندگی جور درنمی‌آید، روندی آهسته و دردناک داشت. مثل این بود که انتظار داشته باشی چون زمانی کتاب راهنمای آهنگ‌سازی را خوانده‌ای بتوانی سمفونی بنویسی. از همه‌ی این‌ها مهم‌تر این‌که غیر از مواردی که مصمم و مطمئن بود، آدمی سست‌اراده و مردد به‌حساب می‌آمد، اما حتی آن موقع هم لزوماً تصمیمات درستی نمی‌گرفت. به‌این‌ترتیب زندگی احساسی‌اش را ... چطور می‌شود خلاصه کرد؟ او اندوهگین به خودش لبخند می‌زد. بله درواقع همین بود: «هیاهو به‌جای موسیقی.»

او تانیا را خواسته و مادرش با او مخالفت کرده بود. نینا را خواسته و مادرش با او مخالفت کرده بود. هفته‌ها ازدواجشان را از مادرش پنهان کرده بود تا اولین خوشبختی‌شان با احساسات بیمارگونه، تیره نشود. اعتراف می‌کرد که این قهرمانانه‌ترین عملی نیست که در زندگی‌اش انجام داده است. وقتی خبر را به مادرش داد، واکنش او چنان بود که گویی از قبل می‌دانست. شاید دفترچه خاطراتش را خوانده بود. دلیلی نمی‌دید که موافقت کند. مادرش درمورد نینا طوری حرف می‌زد که آهنگی تحسین‌برانگیز اما در عین‌حال انتقادی داشت. شاید بعد از مرگ دمیتری که چندان هم دور نبود، آن‌ها کنار هم زندگی می‌کردند. مادر، عروس، نوه. سه نسل از زنان. این روزها چنین خانواده‌هایی در شوروی زیاد و زیادتر می‌شدند.

شاید دمیتری اوضاع را اشتباه درک می‌کرد اما احمق نبود، به‌طورکلی پخمه هم نبود. از اول می‌دانست که باید به سزار خراج دهد و چه باید بدهد. پس چرا سزار از دست او عصبانی بود؟ هیچ‌کس نمی‌توانست بگوید او سازنده نبوده است. او به‌سرعت می‌نوشت و کم پیش می‌آمد که کارش را سروقت تمام نکند.

می‌توانست به‌سرعت و به شکلی کارآمد موسیقی آهنگین بسازد که ماه‌ها خودش و سال‌ها مردم را خشنود کند، اما نکته دقیقاً همین جا بود. سزار فقط خواستار خراجی که به‌طرفش سرازیر می‌شد نبود، بلکه تعیین می‌کرد خراج با چه پول رایجی پرداخت شود. رفیق شوستاکویچ، چرا سمفونی جدیدتان به زیبایی «آهنگ کانترپلان» نیست؟ چرا کارگر خسته آهنگری آن را در راه خانه با سوت نمی‌زند؟ ما می‌دانیم، رفیق شوستاکویچ که شما به‌خوبی قادرید آهنگی بسازید که توده‌های مردم را خوشحال کند. پس چرا روی صداهای غرغر و قاتقات صورتگرایانه‌تان پافشاری می‌کنید؟ صداهایی که فقط بورژواهایی از خودراضی که سالن‌های کنسرت را در اختیار دارند، وانمود به تحسینش می‌کنند؟

بله، در مورد سزار ساده اندیشیده بود. شاید هم روی سزارهای قدیمی حساب می‌کرد. در گذشته، سزار، خراج طلب می‌کرد، یعنی پولی که به نشانه‌ی اعتراف به قدرت او می‌پرداختند و برحسب درصد معینی از ثروتت محاسبه می‌شد، اما اوضاع تغییر کرده بود و سزارهای جدید کرملین، سازوکار را نو کرده بودند. حالا پول خراجت را باید برحسب صددرصد ثروتت محاسبه می‌کردی یا حتی بیشتر.

در سال‌های خوش و امیدبخش و آسیب‌ناپذیر مدرسه، سه سال تن به بردگی داد و در سینما پیانو نواخت. در پیکادلی واقع در خیابان نفسکی، در برایت ریل و کاخ اسپلندید، همراه فیلم پیانو زد. سخت بود ارزش کار را پایین آوری. بعضی صاحب‌کاران خسیس بودند و به‌جای دستمزد سرکیسه‌ات می‌کردند. بااین‌حال به خودش یادآوری می‌کرد که برایدل در روسپی‌خانه‌ای مخصوص ملوانان در هامبورگ پیانو زده، هرچند که چندان هم خالی از لطف نبوده است.

دمیتری سعی می‌کرد به تصویر بالای سرش نگاه کند و موسیقی مناسب بنوازد. تماشاچیان آهنگ‌های عاشقانه‌ی قدیمی را که برایشان آشنا بود ترجیح می‌دادند، اما او اغلب خسته می‌شد و ساخته‌های خود را می‌زد. این آهنگ‌ها را چندان نمی‌پسندیدند. سینما خلاف سالن کنسرت بود. تماشاچیان وقتی از چیزی خوششان نمی‌آمد دست می‌زدند. یک شب وقتی برای فیلم «پرندگان آبی و مردابی سوئد» می‌نواخت، بیش از همیشه احساسی مسخره داشت. ابتدا صدای پرندگان را با پیانو تقلید کرد، بعد وقتی که پرندگان آبی و مردابی بالاتر و بالاتر پرواز می‌کردند صدای پیانو هم هیجان‌انگیزتر و بلندتر می‌شد. دمیتری ساده‌لوح صدای دست زدن‌های بلند را به‌خاطر خنده‌دار بودن فیلم پنداشت و با شدت بیشتری پیانو زد. بعد از فیلم تماشاچیان به مدیر سینما اعتراض کردند که

پیانیست حتماً مست بوده و آنچه می‌زده اصلاً موسیقی نبوده و به فیلم زیبا و تماشاچیان توهین کرده است. مدیر هم اخراجش کرد.

حالا متوجه می‌شد که زندگی حرفه‌ای‌اش در قابی کوچک بوده است: کار سخت، کمی موفقیت، شکست در ارج نهادن به هنجار‌های موسیقی، عدم تأیید مقامات، تعلیق دستمزد، اخراج. فقط حالا که در دنیای بزرگ‌تر‌ها بود اخراج به معنای خط آخر بود.

دمیتری مادرش را تصور کرد که در سینما نشسته و تصاویر دوست‌دخترهای او روی پرده می‌رود. تانیا؛ مادرش دست می‌زند. روز الیا؛ مادرش شدیدتر دست می‌زند. کلئوپاترا، الهه میلو، ملکه صبا؛ مادرش بدون احساسات، بی‌آن‌که بخندد به دست زدن ادامه می‌دهد.

شب‌زنده‌داری‌هایش ده روز ادامه داشت. نیتا، نه از روی شواهد بلکه بیشتر از روی خوش‌بینی و اراده، می‌گفت که خطر آنی احتمالاً از سرشان گذشته است. هیچ‌یک از آن‌ها این را باور نداشتند اما دمیتری از ایستادن و صبر کردن کنار موتور آسانسور که قژقژکنان به کار می‌افتاد خسته شده بود. از وحشتِ خودش هم خسته شده بود. به‌این‌ترتیب به خانه برگشت و با لباس کامل کنار زنش خوابید و کیفش تمام شب کنار تختش بود. چند قدم آن طرف‌تر گالیا مثل دیگر نوزادان، بی‌خیال از امور کشور خوابیده بود.

سپس یک روز صبح کیفش را برداشت و آن را باز کرد. لباس‌های زیرش را در کشو گذاشت، مسواک و خمیردندانش را در کمد حمام جای داد و سه پاکت کازبکی را روی میز گذاشت.

صبر کرد تا دولت دوباره گفت‌وگویش را با او از سر بگیرد، اما دیگر هیچ‌وقت از کاخ بزرگ خبری نشد.

دلیلش این نبود که دولت کارش را متوقف کرده است. خیلی از اطرافیان دمیتری ناپدید شدند، بعضی‌ها را به اردوگاه فرستادند و بعضی را اعدام کردند، مادرزن، برادرزن، عموی بولشویک پیرش، آشنایان و یکی از معشوقه‌های قدیمی‌اش را. چه به سر زاکرفسکی آمده بود که آن روز دوشنبه سرنوشت‌ساز سر کار نیامد؟ هیچ‌کس دیگر خبری از او نشنید. شاید زاکرفسکی اصلاً وجود نداشته است.

اما از سرنوشت گریزی نیست. سرنوشت دمیتری هم فعلاً این بود که زندگی کند. زندگی و کار کند. استراحتی در کار نبود. بلاک گفته بود: «فقط وقتی استراحت می‌کنیم که خواب می‌بینیم.» با‌این‌که در آن موقع خواب‌های بیشترِ مردم آرام‌بخش نبود، اما زندگی ادامه داشت. خیلی زود نیتا دوباره باردار شد

و کمی بعد دمیتری که می‌ترسید سمفونی چهارمش آخر راه باشد، به شمار آهنگ‌هایش افزود.

پنجمین سمفونی‌اش را که تابستان آن سال نوشت، برای اولین‌بار در نوامبر 1937 در سالن ارکستر سمفونی لنینگراد اجرا کرد. زبان‌شناسی سال‌خورده به گلیکمن گفت که فقط یک بار پیش از آن در تمام عمرش شاهد چنین استقبالی گسترده و پیوسته بوده است، آن‌هم چهل و چهار سال پیش وقتی چایکفسکی برای اولین‌بار سمفونی ششمش را اجرا کرد. روزنامه‌نگاری ابله یا امیدوار یا همدل، سمفونی پنجم را «پاسخ خلاقانه هنرمند شوروی به انتقادات» عنوان کرد. دمیتری هیچ‌وقت منکر این عبارت نشد و خیلی‌ها باورشان شد او خودش به‌عنوان رهبر ارکستر این را گفته است. این کلمات بیشتر از هر نوشته، یا نانوشته، مشهور شدند. او به این حرف‌ها اجازه رشد داد تا موسیقی‌اش را حفظ کند. بگذار دولت این کلمات را بشنود زیرا کلمات نمی‌توانند موسیقی را لکه‌دار کنند. موسیقی از کلمات می‌گریزد. هدفش این است و شکوهش برای همین.

این عبارت حتی به آن‌ها که گوش‌های الاغ[62] داشتند فرصت این را داد که در سمفونی‌اش آنچه را می‌خواستند بشنوند. آن‌ها صدای غژغژ طعنه‌آمیز قطعه‌ی آخر را نشنیدند همان‌که پیروزی تمسخرآمیز بود. آن‌ها فقط خودِ پیروزی را شنیدند و قطعه‌ای در تأیید وفادارانه‌ی موسیقی شوروی، موسیقی‌شناسی شوروی و زندگی زیر سایه‌ی آفتاب قوانین استالین. دمیتری سمفونی را با شدت و صدای بلند به پایان برد. اگر با شدت کم و صدای پایین خاتمه‌اش می‌داد، چه می‌شد؟ در چنین مواردی ممکن است زندگی یک نفر یا چندین نفر تغییر کند. «در دنیا چیزی نیست مگر بیهودگی.»

موفقیت سمفونی پنجم ناگهانی و جهانی شد. به‌این‌ترتیب صاحب‌منصبان حزب و موسیقی‌شناسان نزدیک دولت این پدیده‌ی ناگهانی را تجزیه و تحلیل کردند و درموردش تفسیری رسمی ارائه دادند تا به درک مردم شوروی کمک کرده باشند. آن‌ها سمفونی پنجم دمیتری را «تراژدی خوش‌بینانه» نام نهادند.

دو
در هواپیما

فقط این را می‌دانست که بدترین زمان ممکن است.

هر وحشتی وحشت دیگری تولید می‌کند، همان‌طور که اندوهی از پس اندوه دیگر از راه می‌رسد. ازاین‌رو وقتی هواپیمای در حال اوج، گویی به رگه‌های جامد هوا برخورد می‌کرد، دمیتری بر وحشت آنی و حقیر خودش تمرکز می‌کرد؛ وحشت از فدا شدن، فروپاشیدن و فراموش شدن ناگهانی. معمولاً وحشت، همه‌ی احساسات دیگر را غیر از شرم از بین می‌برد. وحشت و شرم با خوشحالی در شکمش جولان می‌دادند.

دمیتری بال و ملخ چرخان هواپیمای خطوط هوایی بین‌المللی آمریکا را می‌توانست ببیند. همچنین ابرهایی را می‌دید که آن‌ها به‌سرعت به‌طرفشان می‌رفتند. دیگر اعضای هیئت که در صندلی‌های بهتری نشسته بودند با کنجکاوی بیشتر خود را به پنجره‌های کوچک چسبانده بودند تا آخرین منظره از افق شهر نیویورک را هم ببینند. دمیتری می‌شنید که شش تن از آن‌ها در حال‌وهوای جشن گرفتن مشتاقانه منتظر میهماندار نشسته‌اند تا با اولین سری نوشیدنی‌ها از راه برسد. آن‌ها موفقیت بزرگ کنگره را جشن می‌گرفتند و به یکدیگر اطمینان می‌دادند که همه‌چیز دقیق بود زیرا آن‌قدر به موضوع صلح نزدیک شده بودند که دپارتمان جنگ‌طلب دولت روادیدشان را لغو کرده و آن‌ها را زودتر از موعد به وطن فراخوانده بود. دمیتری هم مشتاق میهماندار و نوشیدن بود اما دلایل دیگری برای خود داشت. می‌خواست آنچه را اتفاق افتاده بود فراموش کند. پرده‌ی طرح‌دار را پایین کشید تا گویی جلو یادآوری‌ها را بگیرد. بااین‌که نوشیده بود اما چندان موفق نشد خاطرات را فراموش کند.

«فقط نوشیدنی خوب وجود دارد و نوشیدنی خیلی خوب. چیزی به نام نوشیدنی بد اصلاً وجود ندارد.» این سخن خردمندانه از مسکو به لنینگراد بود و از آرخانگلسک به کوئیبیشف، اما نوشیدنی آمریکایی هم بود که دمیتری تازه آن را می‌شناخت و آن با طعم میوه و با تشریفات عمل می‌آمد، با لیمو، یخ و سودا و طعمش در نوشیدنی مخلوط معلوم بود. پس شاید چیزی به نام نوشیدنی بد هم وجود داشته باشد.

در طول جنگ، دمیتری که قبل از سفر طولانی مشوش بود، گاهی خواب‌درمانی می‌کرد. می‌خواست قبل از پرواز خارجی، درمانی بیابد و در طول هفته‌ای که در نیویورک بود و قبل از سفر بازگشت، هر روز تحت همان درمان قرار گیرد. یا بهتر این بود که می‌توانستند او را در جعبه‌ای چوبی بگذارند و به اندازه‌ی یک هفته برایش سوسیس و نوشیدنی تدارک ببینند و به فرودگاه لاگاردیا تحویلش دهند و موقع برگشت دوباره حملش کنند و بپرسند، خب،

دمیتری دمیتریویچ سفرت چطور بود؟ و او بگوید، عالی، خیلی ممنون. همه چیزهایی را که دلم می‌خواست دیدم و همراهان بسیار موافق بودند.

در سفرِ رفت، در صندلی کنارش محافظ رسمی، نگهبان، مترجم و بهترین دوست تازه‌اش در بیست و چهار ساعت گذشته نشسته بود. طبیعی بود که سیگار بلوموری می‌کشید. وقتی منوها را به زبان انگلیسی و فرانسه دستشان دادند دمیتری از همراهش خواست تا آن را ترجمه کند. سمت راست، نوشیدنی‌های مخلوط و الکلی و سیگار نوشته شده بود. سمت چپ به نظرش رسید که باید فهرست غذا باشد. جواب آمد که خیر، این‌ها چیزهای دیگری هستند که می‌توانی سفارش دهی. انگشت اشاره صاحب‌منصبانه فهرست را تا پایین دنبال کرد. بازی دومینو، چکرز، تاس، تخته. روزنامه، نوشت‌افزار، مجله، کارت‌پستال. تراش برقی، کیسه‌ی یخ، بسته‌ی نخ و سوزن، بسته‌ی کمک‌های اولیه‌ی پزشکی، آدامس، خمیر دندان، دستمال کاغذی.

دمیتری به یک موردی که ترجمه نشده بود اشاره کرد و پرسید: «و این یکی؟»

میهماندار را صدا کردند و او توضیحاتی کامل داد. سرانجام جواب او را دادند.

«اسپری آمفتامین.»

«اسپری آمفتامین؟»

بهترین دوست تازه‌اش با نخوتی ناشی از اعتقادی محکم گفت: «برای سرمایه‌دارهای معتادی که خودشان را موقع پرواز و فرود آمدن خراب می‌کنند.»

خود او هم موقع پرواز و فرود، وحشتی غیر سرمایه‌دارانه داشت. اگر از این نمی‌ترسید که بی‌درنگ در پرونده‌ی رسمی‌اش ثبت شود بدش نمی‌آمد این اختراع منحط غرب را امتحان کند.

وحشت: آن‌ها که باعثش بودند از آن چه می‌دانستند؟ می‌دانستند که مؤثر است حتی می‌دانستند چطور عمل می‌کند، اما نمی‌دانستند چه حسی دارد. «گرگ از وحشت میش چه می‌داند.» زمانی که منتظر فرامین از کاخ بزرگ در لنینگراد بودند، اویستراخ[63] منتظر دستگیریش در مسکو بود. این ویولن‌زن برای دمیتری تعریف کرده بود که چطور شبی بعد از شب دیگر سراغ کسی در ساختمان می‌آمدند. هیچ‌وقت گروهی دستگیر نمی‌کردند، بلکه یک‌به‌یک قربانیان را می‌بردند و بعد شب دیگر می‌آمدند و با این کار وحشت بازمانده‌ها را که برای مدت کوتاهی آزاد مانده بودند بیشتر می‌کردند. عاقبت همه‌ی مستأجران

را غیر از او و خانه‌ی روبه‌رویش بردند. اویستراخ می‌گفت، از این تاریخ معین به بعد او همیشه وحشت داشت و می‌دانست که تا پایان عمر هم خواهد داشت.

حالا در سفر بازگشت، مراقبش او را تنها گذاشته بود. سی ساعت مانده بود تا به مسکو برسند و وسط راه در نیوفاوندلند، ریکیاویک، فرانکفورت و برلین توقف داشتند. دست‌کم سفر راحتی بود چون صندلی‌ها خوب بودند، میزان صدا قابل‌تحمل بود و میهماندارها خوب پذیرایی می‌کردند. غذاها را در ظروف چینی و کارد و چنگال‌های سنگین را در دستمال کتانی می‌آوردند. میگوهای درشت، گوشتی و براق شبیه سیاست‌مداران، در سس مخصوص شناور بودند. استیک به بلندی پهنایش با قارچ و سیب‌زمینی و نخود سبز؛ سالاد میوه، همه چیز مهیا بود اما او فقط می‌نوشید. دیگر مثل زمان جوانی سرش گیج نمی‌رفت. نوشیدنی پشت نوشیدنی اما دیگر خوابش نمی‌برد. هیچ‌کس جلویش را نمی‌گرفت، نه میهماندار، نه همراهانی که با صدای بلند شادی می‌کردند، شاید آن‌ها هم به اندازه او می‌نوشیدند. سپس بعد از قهوه، به نظر رسید هوا گرم‌تر شده است. همه از جمله دمیتری به خواب رفتند.

چه امیدی به آمریکا بسته بود؟ امیدوار بود استراوینسکی را ملاقات کند. هرچند می‌دانست رؤیا و درواقع خیالی بیش نیست. همیشه به موسیقی استراوینسکی احترام می‌گذاشت. بعید بود اجرایی از پتروشکا در مارینسکی را نبیند. در افتتاحیه کنسرت «عروسی» که در روسیه اجرا شد پیانوی دوم را نواخت، آهنگ سرناد در گام لا[64] را در مقابل عموم اجرا کرد و سمفونی سرودهای مذهبی را برای پیانوی دو نفره تغییر داد. اگر فقط یک آهنگ‌ساز در قرن بیستم بود که می‌شد او را بزرگ خواند، استراوینسکی بود. سمفونی سرودهای مذهبی یکی از درخشان‌ترین کارها در تاریخ موسیقی است. دمیتری همه‌ی این‌ها را بی‌شک و تردید، دلیل علاقه‌اش به او اعلام می‌کرد.

اما استراوینسکی قرار نبود آنجا باشد. او تلگرامی از روی بی‌اعتنایی و تبلیغات فرستاد: «با کمال تأسف نمی‌توانم به جمع استقبال‌کنندگان از هنرمندان شوروی که به این کشور قدم می‌گذارند بپیوندم، اما باورهای اخلاقی و هنری من با چنین رفتارهایی در تضاد است.»

او چه انتظاری از آمریکا داشت؟ مسلماً انتظار نداشت سرمایه‌داران کارتونی را ببیند که با کلاه‌های دراز و جلیقه‌های راه‌راه و ستاره‌دار در خیابان پنجم رژه می‌روند و زیر پایشان زحمت‌کشان گرسنه را له می‌کنند. چیزی بیشتر از این از سرزمینی انتظار داشت که آزادی را در بوق‌وکرنا تبلیغ می‌کرد؛ دمیتری شک داشت که چنین مکانی اصلاً در هیچ جای دنیا وجود داشته باشد.

شاید تصور می‌کرد با ترکیبی از پیشرفت‌های تکنولوژی، همسازی اجتماعی و رفتارهای متعادل ملتی پیشرو در ثروت روبه‌رو شود. ایلف و پتروف[65]، بعد از گردشی در سطح کشور نوشته بودند که چنین تفکری در مورد آمریکا آن‌ها را افسرده کرده است در حالی‌که خودشان بر آمریکایی‌ها تأثیری مخالف این باور گذاشته بودند. آن‌ها همچنین گزارش کرده بودند که آمریکایی‌ها بر خلاف تبلیغات خودشان، در اصل بسیار بی‌تفاوت هستند زیرا همه‌چیز از قبل برایشان آماده می‌شود، چه افکار، چه غذا. حتی گاوها در مزارع بی‌حرکت می‌ایستند و شبیه آگهی‌های شیر غلیظ شده‌اند.

اولین‌باری که دمیتری غافل‌گیر شد به دلیل رفتار روزنامه‌نگاران آمریکایی بود. در سفر رفت گروه بزرگی از آن‌ها در فرودگاه فرانکفورت در کمین نشسته بودند. آن‌ها سؤال‌هایشان را فریاد می‌زدند و دوربین‌هایشان را در صورت دمیتری فرو کرده بودند. از تصور این‌که دارای ارزش‌های والاتری هستند گستاخانه شاد به نظر می‌آمدند. این‌که نمی‌توانستند نام تو را تلفظ کنند تقصیر نام تو بود نه توانایی آن‌ها. برای همین کوتاهش می‌کردند.

«هی، شوسی این طرف را نگاه کن! کلاهت را برای ما تکان بده!»

دمیتری در فرودگاه لاگاردیا از روی انجام‌وظیفه، مثل دیگر همراهان کلاهش را درآورده و تکان داده بود.

«هی شوسی! لبخند بزن!»

«هی شوسی! از آمریکا خوشت آمده؟»

«هی شوسی! موبور دوست داری یا سبزه؟»

بله، حتی این را هم از او پرسیده بودند. اگر در وطن مردانی که سیگار بلومور می‌کشیدند جاسوسی‌ات را می‌کردند این‌جا در آمریکا روزنامه‌نگاران همان کار را انجام می‌دادند. پس از آن‌که هواپیمایشان به زمین نشست، روزنامه‌نگاری، میهمانداری را گرفته و به زور می‌پرسید که رفتار هیئت روسی در طول پرواز چطور بود. میهماندار گفت که آن‌ها با مسافران همراهشان گپ می‌زده‌اند و از نوشیدنی‌شان لذت می‌برده‌اند. این اطلاعات هم انگار جالب باشد طبق معمول در نیویورک تایمز چاپ شد.

اول، چیزهای خوب؛ چمدانش پر بود از صفحه‌های گرامافون و سیگارهای آمریکایی. اجرای گروه جولیاردز از سه چهارگانه بارتوک را شنیده و بعد از آن در پشت صحنه آن‌ها را ملاقات کرده بود. در ارکستر سمفونی نیویورک به رهبری استاکفسکی[66] در برنامه‌ی پانوفنیک، ویرجیل تامسون، سیبلیوس، خاچاتوریان و برامس شرکت کرده بود. خودش هم با دست‌های کوچک و

نامناسبش برای پیانو، دومین قطعه‌ی سمفونیِ پنجمش را در باغ میدان مدیسون در حضور پانزده هزار تماشاچی نواخته بود. صدای کف زدن‌ها جنجال‌آفرین، بی‌وقفه و رقابتی بود. خب، آمریکا سرزمین رقابت‌ها بود، پس شاید می‌خواستند ثابت کنند که می‌توانند بلندتر و طولانی‌تر از تماشاچیان روسی کف بزنند. این کارشان دمیتری را شرمنده کرد و کسی چه می‌دانست، شاید دپارتمان دولتی هم شرمنده شده باشد. دمیتری چند نفر از هنرمندان آمریکایی را ملاقات کرد که آن‌ها به گرمی از او استقبال کردند: آرون کاپلند[67]، کلیفورد آدتس[68]، آرتور میلر و نویسنده‌ی جوانی به نام مایلر. طوماری به امضای چهل و دو موسیقی‌دان از آرتی شاو[69] گرفته تا برونو والتر[70] دریافت کرد که از بازدیدش تشکر کرده بودند. به‌این‌ترتیب چیز‌های خوب پایان یافته بود. قطره‌ای بود در اقیانوس پر تلاطم زندگی.

امیدوار بود میان صدها شرکت‌کننده‌ی دیگر، گمنام باقی بماند اما دل‌سردانه دریافت که او ستاره‌ی هیئت روسی بوده است. جمعه شب، سخنرانی کوتاهی کرده و شنبه شب مفصل‌تر حرف زده بود. به سؤال‌ها پاسخ داده و در برابر دوربین‌ها ژست گرفته بود. با او خوب رفتار کرده بودند. موفقیتی فراگیر بود و در‌عین‌حال بزرگ‌ترین تحقیر در زندگی‌اش. هیچ احساسی نداشت مگر از خودبیزاری و خودتحقیری. تله‌ی کاملی بود زیرا دو طرف این تله پیوندی به هم نداشتند. یک طرف کمونیست‌ها و طرف دیگر سرمایه‌داران قرار داشتند. او در وسط مانده بود. کاری نمی‌توانست بکند مگر از میان گذرگاه‌های روشن تجربه به‌سرعت عبور کند، جایی که درها پیش رویش باز و بی‌درنگ پشت سرش بسته می‌شدند.

همه‌ی این‌ها با شرکت مجدد استالین در اپرا بار دیگر آغاز شد. چه کنایه‌ای در این موضوع وجود داشت؟ واقعیت این بود که این یکی اپرای خودش نبود بلکه متعلق به مور ادلی[71] بود اما نه از آغاز و نه در پایان هیچ فرقی نمی‌کرد. کاملاً معلوم بود که آن سال کبیسه است، سال 1948.

پرواضح بود که استبداد دنیا را زیرورو کرده است و این حقیقت داشت. در خلال دوازده سال بین 1936 و 1948، دمیتری هرگز احساس امنیت بیشتری نسبت به زمان جنگ بزرگ میهنی نداشت. آن‌ها نامش را فاجعه‌ی رهایی گذاشته بودند. میلیون‌ها نفر هر روز می‌مردند اما دست‌کم، آسیب کلی‌تر بود و رهایی موقت خودش هم در گرو آن به‌حساب می‌آمد. زیرا با این‌که استبداد بدبین است اما لزوماً ابله نیست. اگر ابله بود باقی نمی‌ماند. همان‌طور که اگر قانونمند بود

ادامه‌ی بقا نمی‌یافت. استبداد می‌دانست چطور بعضی از نقاط، نقاط ضعف بیشتر مردم، کار می‌کند. سال‌ها کشیش‌ها را کشته و در کلیساها را بسته بود اما اگر سربازان با دعای کشیشان سرسختانه‌تر می‌جنگیدند پس کشیش‌ها را باید برای فایده‌ی کوتاه‌مدتشان برمی‌گرداند. در زمان جنگ مردم به موسیقی نیاز داشتند تا روحیه‌شان را بالا نگه دارند پس آهنگ‌سازان را هم باید به کار می‌گرفت.

اگر دولت امتیازاتی می‌داد پس شهروندان هم امتیاز می‌دادند. دمیتری سخنرانی‌های سیاسی می‌کرد که متنش را دیگران برایش نوشته بودند، اما از آن‌جا که کار دنیا برعکس بود، او درواقع می‌توانست احساس آن سخنان را تأیید کند نه این‌که زبانش را بفهمد. او در جلسه‌ای ضد فاشیستی در جمع هنرمندان درمورد «نبرد سترگ ما با ویرانگری آلمانی‌ها» و «مأموریت برای رهایی بشر از شر طاعون قهوه‌ای[72]» حرف زده بود. با لحن دولت گفته بود: «همه چیز برای جبهه.» دمیتری با اعتمادبه‌نفس، فصیح و متقاعدکننده حرف می‌زد. به تقلید از استالین به هنرمندان همکارش نوید داده بود: «به‌زودی روزهای شادتری از راه خواهند رسید.»

طاعون سیاه، واگنر را هم مبتلا کرد، آهنگ‌سازی که دولت، همه‌ی قرن، طبق مد روز و خلاف مد و مطابق سیاست روز، به کارش گرفته بود. وقتی قرارداد عدم تجاوز امضا شد، روسیه هم‌پیمان تازه‌ی فاشیست خود را در آغوش گرفت، همان‌گونه که بیوه‌ای میان‌سال، همسایه‌ی جوان تنومندش را در اشتیاقی دیر از راه رسیده با شوری مضاعف و خلاف هر منطقی، در آغوش می‌گیرد. واگنر دوباره آهنگ‌ساز بزرگی شد و به آیزنشتاین دستور دادند والکوره را در تالار بولشوی کارگردانی کند. کمتر از دو سال بعد، هیتلر به شوروی حمله کرد و واگنر دوباره به فاشیستی خبیث و انگل اجتماع تبدیل شد.

همه‌ی این‌ها کمدی غم‌انگیزی بودند که پرسش مهم‌تری را در خود پنهان داشتند. پوشکین این حرف‌ها را در دهان موتزارت گذاشته بود:
نابغه و شیطان
آیا شما هم موافقید که این دو با هم ناسازگارند؟

دمیتری در دل موافق بود. واگنر روح شروری داشت و شرارتش معلوم بود. او با افکار یهودی‌ستیز و نژادپرستانه‌ی دیگرش، شیطان محسوب می‌شد. به‌این‌ترتیب با همه‌ی جلا و درخشش موسیقی‌اش نمی‌توانست نابغه باشد.

دمیتری بیشتر دوران جنگ با خانواده‌اش در کوبیشف[73] زندگی کرده بود. آن‌جا در امان بودند و به‌محض آن‌که مادرش توانست از لنینگراد خارج شود و به آن‌ها بپیوندد نگرانی‌اش کمتر شد. همچنین آن‌جا دیگر کمتر کسی به او گیر

می‌داد و به روحش سوهان می‌کشید. البته، او را به‌عنوان عضو میهن‌پرست اتحادیه‌ی آهنگ‌سازان اغلب به مسکو فرامی‌خواندند. او به‌قدر کافی سوسیس سیردار و نوشیدنی در ساکش می‌گذاشت که تا پایان سفر داشته باشد. در اوکراین می‌گفتند: «بهترین پرنده، سوسیس است.»[2] قطارها ساعت‌ها و گاهی روزها توقف می‌کردند. هرگز نمی‌شد فهمید چه وقت حرکت ناگهانی گروهان نظامی یا کمبود زغال‌سنگ، سفر را متوقف می‌کرد.

دمیتری کوپه‌ی درجه‌یک می‌گرفت که مثل کوپه‌های درجه‌دو شبیه بخش‌های بیمارستانی مشکوک به تیفوس بود. برای این‌که بیمار نشود طلسمی از سیر به گردنش می‌انداخت و دو تای دیگر دور مچ دست‌هایش می‌بست. می‌گفت: «بویش دخترها را دور می‌کند اما این فداکاری‌ها مال زمان جنگ است.»

یک بار از مسکو که برمی‌گشت با... یادش نمی‌آمد با چه کسی همسفر بود. چند روز بعد، قطار در سکویی گردآلود و طویل توقف کرد. آن‌ها پنجره را باز کرده و سرشان را بیرون برده بودند. پرتوهای خورشیدِ اول صبح به چشمانشان می‌زد و آهنگ جلف گدایی با صدایی ناهنجار گوش‌هایشان را پر کرده بود. به او سوسیس داده بودند؟ یا نوشیدنی؟ یا چند کوپک؟ چرا آن ایستگاه و آن گدا را در میان هزاران نفر دیگر، نیمه‌کاره به‌خاطر می‌آورد؟ موضوع خنده‌داری در کار بود؟ کسی جوکی گفته بود؟ چه کسی؟ نه، فایده‌ای نداشت.

دمیتری نمی‌توانست هرزه‌گویی‌های سربازخانه‌ایِ گدا را به‌خاطر آورد. به‌جای آن، سرود سربازان قرن پیش یادش آمد. تنظیمش را نمی‌دانست، فقط کلمات یادش می‌آمد آن هم از نیمنگاهی که یک بار به نامه‌ی تورگینف انداخته بود:

روسیه، مادر گرامی من،

هیچ‌چیز را با زور نمی‌گیرد،

فقط چیزهایی را می‌گیرد که مشتاقانه تسلیمش شوند،

آن هم با خنجری که بر گلویت گرفته است.

تورگینف سر ذوق ادبی‌اش نبود؛ شعر، زیادی شهری بود و چندان تخیلی نبود. دمیتری ترجیح می‌داد از پوشکین، چخوف و از همه بهتر گوگول بخواند، اما حتی تورگینف هم با همه اشتباهاتش، درواقع نسبت به روسیه بدبین بود. در حقیقت، درک می‌کرد که روس بودن به معنای بدبین بوده است. این را هم نوشته بود که هر چقدر بیشتر یک روس را بسابید بیشتر روس باقی می‌ماند. این چیزی بود که کارلو ـ مارلو و دیگر بازماندگانشان هرگز نفهمیدند. آن‌ها می‌خواستند مهندسان روح بشر باشند، اما روس‌ها با وجود همه‌ی اشتباهاتشان ماشین نبودند.

پس درواقع نمی‌خواستند مهندسی کنند بلکه قصدشان سابیدن بود. بساب، بساب، بساب، بگذار همه این روس بودن‌های قدیمی را بشوییم و رویش اهل شوروی بودن جدید و درخشان را نقاشی کنیم، اما این کار هیچوقت فایده نکرد. تقریباً به‌محض آن‌که رنگ را زدند، پوسته پوسته شد.

روس بودن، یعنی بدبینی. اهل شوروی بودن یعنی خوش‌بینی. برای همین کلمات روسیه، شوروی کنار هم در تضاد بود. دولت هیچوقت این را نمی‌فهمید. فکر می‌کرد که اگر به‌قدر کافی مردم را بکشی و تبلیغات و وحشت را به خورد بقیه بدهی آن‌وقت خوش‌بینی حاصل می‌شود، اما منطق کجای این قضیه قرار می‌گیرد؟ همه مدام همین را به او می‌گفتند، به طرق مختلف و با کلمات متفاوت، از طریق صاحب‌منصبان موسیقی‌دان و سردبیرهای روزنامه‌ها که آنچه می‌خواهند این است: «شوستاکویچی خوش‌بین.» باز هم کلمات در تضاد کنار هم نشسته بودند.

یکی از جاهایی که خوش‌بینی و بدبینی می‌توانستند به‌راحتی کنار هم بنشینند، درواقع جایی که حضور هر دو را برای بقا لازم داشت، زندگی خانوادگی بود. به‌این‌ترتیب برای مثال، او عاشق نیتا بود (خوش‌بینی) اما نمی‌دانست شوهر خوبی است یا نه (بدبینی). دمیتری مردی نگران بود و می‌دانست که نگرانی آدم را خودپرست می‌کند و از آن‌ها همنشینی بد می‌سازد. نیتا سر کار می‌رفت ولی لحظه‌ای که به مؤسسه‌اش می‌رسید دمیتری به او تلفن می‌کرد و می‌پرسید که چه وقت به خانه برمی‌گردد. متوجه بود که این کارش ناراحت‌کننده است اما با وجود نگرانی‌اش نمی‌توانست بهتر از این رفتار کند.

دمیتری عاشق بچه‌هایش بود (خوش‌بینی) اما مطمئن نبود که پدر خوبی باشد (بدبینی). گاهی اوقات احساس می‌کرد عشقی که به فرزندانش دارد طبیعی نیست حتی بیمارگونه است. خب، زندگی آن‌طور که می‌گفتند، قدم زدن در مزرعه نبود.

به گالیا و ماکسیم یاد داده بودند هرگز دروغ نگویند و همیشه مؤدب باشند. دمیتری بر رفتار خوب تأکید می‌کرد. برای ماکسیم از همان کودکی توضیح می‌داد که موقع بالا رفتن از پله‌ها باید جلوتر از خانم‌ها برود و در پایین آمدن پشت آن‌ها بیاید. وقتی برای هر دویشان دوچرخه خرید، آن‌ها را مجبور کرد علائم راهنمایی را یاد بگیرند و حتی وقتی در گذرگاه خلوت جنگلی دوچرخه‌سواری می‌کنند آن شماره‌ها را تمرین کنند. دراز کردن دست چپ، نشانه‌ی پیچیدن به چپ، دراز کردن دست راست، نشانه‌ی پیچیدن به راست. همچنین در کوبیشف هر روز صبح نظارت می‌کرد تمرین ژیمناستیکشان را

انجام دهند. رادیو را روشن می‌کرد و هر سه به صدای گرم گوینده‌ای به نام گوردیف گوش می‌دادند که چنین آموزش می‌داد: «درست است! پاها را به اندازه عرض شانه باز کنید! اولین تمرین...» و غیره.

دمیتری غیر از این پیچوتاب خوردن‌ها هنگام ورزش با بچه‌هایش، ورزش دیگری نمی‌کرد. فقط به همین اکتفا می‌کرد. یک بار دوستی، چیزی را که او ژیمناستیک برای روشنفکران می‌نامید به او نشان داده بود. قوطی کبریت را برمی‌داری و محتویاتش را روی زمین می‌ریزی، بعد خم می‌شوی و آن‌ها را یکی‌یکی جمع می‌کنی. اولین‌باری که خودش این را امتحان کرد، صبرش به‌سررسید و همه‌ی کبریت‌ها را مشت‌مشت جمع کرد و در قوطی گذاشت. دفعه‌ی دیگر صبر به خرج داد اما همین‌که خم شد تلفن زنگ زد و او را بی‌درنگ صدا کردند. برای همین به خدمتکار توضیح داد که به‌جای او کبریت‌ها را جمع کند.

نیتا عاشق اسکی و کوهنوردی بود. دمیتری به‌محض این‌که برف خطرناک را زیر چوب اسکی‌اش احساس می‌کرد از وحشت می‌خواست جان بدهد. نیتا از مسابقات مشت‌زنی لذت می‌برد. دمیتری نمی‌توانست این منظره را تحمل کند که مردی، دیگری را تا حد مرگ بزند. او حتی نمی‌توانست ورزشی را که شبیه‌ترین به هنر خودش بود به‌خوبی انجام دهد: رقصیدن. می‌توانست آهنگی برای رقص پولکا بنویسد، می‌توانست آن را به‌طور شورانگیزی با پیانو بزند، اما اگر وسط میدان رقص می‌گذاشتیش، پاهایش با بی‌عرضگی نافرمانی می‌کردند.

دمیتری دوست داشت فال ورق بگیرد تا آرام شود یا با دوستان سر پول ورق بازی کند. بااین‌که بدنش قوی نبود و نمی‌توانست با ورزش خود را هماهنگ کند اما داوری را دوست داشت. قبل از جنگ در لنینگراد به او صلاحیت داوری فوتبال داده بودند. در طول تبعیدشان در کوبیشف، او مسابقات والیبال راه می‌انداخت و خود، داورشان بود. با چند کلمه‌ای که به زبان انگلیسی یاد گرفته بود با شور اعلام می‌کرد: «حالا وقت والیبال است.» بعد به زبان روسی عبارت محبوب یک مفسر ورزشی را اضافه می‌کرد: «مسابقه در هر شرایط آب‌وهوایی برگزار خواهد شد.»

گالیا و ماکسیم را به‌ندرت تنبیه می‌کردند. اگر شیطنت یا کاری اشتباه می‌کردند، بی‌درنگ پدر و مادرشان دچار نگرانی شدید می‌شدند. نیتا اخم می‌کرد و نگاه ملامت‌باری تحویلشان می‌داد. دمیتری سیگار پشت سیگار روشن می‌کرد و مدام قدم می‌زد. این لال‌بازی حاکی از اندوه اغلب برای گوشمالی بچه‌ها کافی

بود. از آن گذشته همه‌ی کشور زندانی برای تنبیه بود؛ چرا باید بچه‌ای را زودتر از موعد با آنچه به‌قدر کافی در زندگی خواهد دید، آشنا کنیم؟

بااین‌حال مواقعی بود که شیطنت از حد می‌گذشت. یک بار ماکسیم وانمود کرد با دوچرخه تصادف کرده و مجروح شده است. شاید کارش خودآگاهانه نبود، اما وقتی دید والدینش چقدر سراسیمه شده‌اند بالا و پایین پرید و زیر خنده زد. دمیتری در چنین مواردی به ماکسیم می‌گفت (چون اغلب این کارها از ماکسیم سر می‌زد): «لطفاً بیا اتاق کار من. باید جدی با تو حرف بزنم.» حتی همین کلمات هم باعث رنجش پسرک می‌شد. در اتاق کارش ماکسیم را وادار می‌کرد شرح کاری را که کرده بنویسد و در ادامه‌اش قول دهد که دیگر چنین رفتاری نخواهد کرد، سپس این اقرارنامه را امضا کند. اگر ماکسیم اشتباهش را تکرار می‌کرد او را به دفتر کارش می‌خواست، کاغذ را از کشو میزش بیرون می‌آورد و ماکسیم را مجبور می‌کرد با صدای بلند آن را بخواند. ولی اغلب شرمندگی پسر چنان بود که گویی پدر دوباره دارد تنبیهش می‌کند.

بهترین خاطراتش از دوران تبعید زمان جنگ، خاطرات ساده‌اش بودند. او و گالیا با بچه خوک‌ها بازی می‌کردند، سعی می‌کردند آن گلوله‌های زبر گوشتالود را آن‌قدر نگه دارند که خرناس بکشند، یا ماکسیم که ادای مشهور پلیس بلغاریش را موقع بستن بند پوتین‌ها در می‌آورد. آن‌ها تابستان‌ها را در ایالت سابق ایوانوا می‌گذراندند جایی که مزرعه‌ی شماره‌ی ۶۹ مرغداری، خانه‌ی ویژه‌ی آهنگ‌سازان شده بود. آنجا هشتمین سمفونی‌اش را روی میزی نوشت که از تخته‌ای تشکیل شده بود که آن را به دیوار داخلی مرغدانی سابق میخش کرده بودند. دمیتری همیشه بدون توجه به در هم ریختگی‌ها و ناآرامی‌های اطراف، کارش را انجام می‌داد. این مایه‌ی نجاتش بود. دیگران با صداهای زندگی طبیعی، تمرکزشان را از دست می‌دادند. اگر ماکسیم و گالیا دور و اطراف اتاق پروکوفیف بازی می‌کردند او با عصبانیت دنبالشان می‌کرد تا دور شوند، اما سروصدا بر دمیتری بی‌تأثیر بود. تنها چیزی که آزارش می‌داد واق‌واق سگ‌ها بود، صدای پیاپی و عصبی سگ‌ها که وسط آهنگی که در ذهن می‌زد به گوش می‌رسید. برای همین بود که گربه‌ها را به سگ‌ها ترجیح می‌داد. گربه‌ها همیشه با خشنودی می‌گذاشتند او آهنگش را بسازد.

آن‌ها که دمیتری را نمی‌شناختند و کسانی که از دور موسیقی را دنبال می‌کردند شاید تصور می‌کردند که ضربه روحی سال ۱۹۳۶ در گذشته مانده است. او با ساختن اپرای «لیدی مکبث اهل متسنسک»، اشتباه بزرگی مرتکب شد و دولت به‌طور شایسته‌ای او را بازخواست کرد. دمیتری به‌عنوان هنرمند

شوروی برای جبران، پاسخی خلاق به این انتقام داد. سپس در طول جنگ بزرگ میهنی هفتمین سمفونی‌اش را نوشت که پیام ضد فاشیسمی‌اش به همه‌ی دنیا رسید. به‌این‌ترتیب بخشوده شد.

اما آن‌هایی که می‌دانستند مذهب و درنتیجه دولت، چطور عمل می‌کند بهتر می‌دانستند چه خبر است. ممکن است گناهکار هدایت شود اما به مفهوم این نیست که گناه هم از صفحه‌ی روزگار پاک شده است. اصلاً این‌طور نیست. اگر مشهورترین آهنگ‌ساز کشور به خطا برود آثار مهلک آن، چه خواهد بود و چه خطری برای دیگران دارد؟ پس باید برای آن خطا نامی نهاد و بر آن تأکید کرد و مدام در مورد عواقبش هشدار داد. به بیان دیگر، «هیاهو به‌جای موسیقی» وارد متون درسی شده و به درس تاریخ موسیقی هنرستان اضافه شده بود.

همچنین نمی‌شد به گناهکار بزرگ اجازه داد تا بدون نظارت به کار خود ادامه دهد. آن‌هایی که در زبانشناسی دینی تبحر داشتند و طرز بیان سردبیر پراودا را تا حدی که شایسته بود مورد بررسی قرار داده بودند اشاره‌ی تلویحی آن به موسیقی فیلم را متوجه می‌شدند. استالین موسیقی متن فیلم سه‌گانه‌ی ماکسیم اثر دمیتری دمیتریویچ را بسیار تحسین کرده بود، اما همه می‌گفتند ژدانوف هر روز صبح موسیقی فیلم «آهنگ کانترپلان» را با پیانو برای همسرش می‌نوازد. از نظر آن‌هایی که در بالاترین منصب جای داشتند، دمیتری دمیتریویچ شوستاکویچ، آرمانی از دست رفته نیست و اگر به‌درستی هدایت شود قادر است موسیقی واقعی و متین بسازد. طبق حکم لنین، هنر به مردمی تعلق داشت و سینما نسبت به اپرا ارزش و استفاده‌ی بیشتری برای مردم شوروی داشت. به‌این‌ترتیب دمیتری دمیتریویچ، دیگر به‌درستی هدایت می‌شد و درنتیجه در سال 1940 درفش سرخ کارگران را برای جایزه ویژه‌ی موسیقی فیلمش دریافت کرد. اگر او همچنان در این راه راست قدم برمی‌داشت به‌طورحتم چنین افتخاراتی ادامه می‌یافت.

روز پنجم ژانویه 1948، بیست سال بعد از شرکت کوتاه استالین در «اپرای لیدی مکبث اهل متسنسک»، او و همراهانش دوباره قدم به سالن بولشوی گذاشتند تا این بار «دوستی بزرگ» وانو مورادلی را ببینند. این آهنگ‌ساز که رئیس بودجه‌ی موسیقی شوروی بود افتخار می‌کرد که موسیقی‌ای ساخته که آهنگین، میهن‌پرستانه و رئالیست ـ سوسیالیستی است. به او مأموریت داده بودند برای جشن سی‌امین سالگرد انقلاب اکتبر اپرایش را برگزار کند و اپرایی که با گشاده‌دستی ساخته شده بود همان دو ماه اول با موفقیت بزرگی روبه‌رو شد.

موضوعش یکپارچه کردن نیروی کمونیست در طول جنگ داخلی در قفقاز شمالی بود.

مورادلی اهل گرجستان بود و تاریخ وطنش را بلد بود، از بخت بدش، استالین هم گرجستانی بود و تاریخ وطنش را بهتر از او می‌دانست. مورادلی گرجستانی‌ها و آسی‌ها را طوری نشان داده بود که در مقابل ارتش سرخ قیام کرده‌اند. این درحالی بود که استالین، نه به دلیل آنکه مادرش آسی بود، می‌دانست بین سال‌های 1918 تا 1920 درواقع گرجی‌ها و آسی‌ها دست‌به‌دست بولشویک‌ها داده بودند تا در دفاع از انقلاب بجنگند. این چچن‌ها و اینگوشی‌ها بودند که با عملیات ضدانقلابی‌شان، جلو پیشرفت دوستی بزرگ میان بسیاری از مردم اتحاد جماهیر شوروی آینده را گرفتند.

موراد‌لی این خطای سیاسی‌ـ تاریخی را با خطای موسیقیایی زمختی به هم آمیخته بود. او در اپرایش رقص لزگی را هم گنجانده بود، که بی‌شک می‌دانست رقص مورد علاقه استالین است، اما به‌جای انتخاب لزگی اصیل و آشنا برای جشن آیین‌های محلی مردم قفقاز، از روی خودبزرگ‌بینی رقصی از خودش اختراع کرده بود که «به شیوه‌ی لزگی» اجرا می‌شد.

پنج روز بعد ژدانوف کنفرانسی متشکل از هفتاد آهنگ‌ساز و موسیقی‌شناس برگزار کرد تا درمورد ادامه و نفوذ فرساینده‌ی صورت‌گرایی بحث کنند. چند روز بعد هم کمیته‌ی مرکزی حکم رسمی خودش را درمورد «اپرای دوستی بزرگ اثر وی. موراد‌لی» چاپ کرد. آهنگ‌ساز متوجه شد که موسیقی‌اش، برخلاف آنچه که او آهنگین و میهن‌پرستانه تصور می‌کرد، در بهترین حالت قات‌قات و غرغری بیش نبوده است. به او هم صورت‌گرا لقب دادند، کسی که از «ترکیبات آسیب‌شناختی عصبی» استفاده کرده و آن را به خورد «دایره کوچک متخصصان و اهالی عیش‌ونوش» داده است. موراد‌لی برای اینکه حرفه‌اش (حالا نگوییم جانش) را حفظ کند بهترین توضیحی را که می‌توانست ارائه داد: دیگران او را گمراه کرده‌اند. مخصوصاً دمیتری دمیتریویچ شوستاکوویچ و اپرای لیدی مکبثش او را اغوا کرده و فریب داده است تا به اشتباه برود.

ژدانوف به آهنگ‌سازان مردمی یادآوری کرد که هنوز انتقاد سردبیر پراودا در سال 1936 اعتبار دارد: موسیقی‌ـ موسیقی آهنگین و باشکوه‌ـ لازم است نه هیاهو. نام متهمان اصلی این بود: شوستاکویچ، پروکوفیف، خاچاتوریان، میاسکوفسکی[74] و شبالین[75]. موسیقی آن‌ها را با متّه‌های بزرگ و صدای ایجاد شده از اتاق گاز مقایسه می‌کردند. کلمه‌ای که ژدانوف به کار می‌برد،

دوشِگابکا بود، نام کامیونی که فاشیست‌ها می‌راندند و قربانیان داخل آن از گاز متصاعد شده خفه می‌شدند.

آرامش بازگشته و دوباره دنیا زیرورو شده بود. وحشت همراه جنون بازگشته بود. در کنگره‌ای ویژه به نام اتحادیه‌ی آهنگ‌سازان، موسیقی‌شناسی که جرمش نوشتن ساده‌لوحانه‌ی کتابی تملق‌آمیز درمورد دمیتری دمیتریویچ بود، نومیدانه طلب بخشش می‌کرد و می‌گفت که هرگز قدم به آپارتمان این آهنگ‌ساز نگذاشته است. او آهنگ‌ساز، یوری لویتین[76] را احضار کرد که حرفش را تأیید کند. لویتین با «وجدانی پاک» تأیید کرد که این موسیقی‌شناس هرگز هوای آلوده‌ی محل اقامت آن صورت‌گر را استنشاق نکرده است.

در کنگره، سمفونی هشتم دمیتری و ششم پروکوفیف را هدف قرار دادند، سمفونی‌هایی که موضوعشان جنگ بود. سمفونی‌هایی که می‌دانستند جنگ وحشتناک و اندوه‌بار است، اما چقدر آهنگ‌سازان صورت‌گرایشان کم می‌دانستند: جنگ باشکوه و شادی آفرین بود و باید آن را جشن گرفت! آن‌ها به‌جای این کار، در «فردگرایی ناسالم» و «بدبینی» زیاده‌روی کرده‌اند. دمیتری مؤدبانه از شرکت کردن در این کنگره سر باز زده بود. او بیمار بود. درواقع احساس بی‌پروایی می‌کرد. عذرش را فرستاد. عذر او را نپذیرفتند. درواقع کنگره به کارش ادامه می‌داد تا زمانی که دمیتری دمیتریویچ شوستاکوویچ بزرگ که باز هم جرمش را تکرار می‌کرد قادر به آمدن باشد. اگر لازم باشد آن‌ها برایش پزشک می‌فرستند تا از شرایط پزشکی و معالجه‌اش اطمینان حاصل کنند. «از سرنوشت گریزی نیست.» به‌این‌ترتیب دمیتری در کنگره شرکت کرد. به او دستور دادند پیش چشم همه توبه کند. وقتی دمیتری به‌طرف سکو می‌رفت و نمی‌دانست چه باید بگوید، نوشته‌ای به دستش دادند. دمیتری با لحنی بی‌احساس آن را خواند. قول داد که فرامین حزب را در آینده دنبال کند و برای مردم موسیقی آهنگین بسازد. وسط این لفاظی رسمی، او دست از خواندن کاغذ کشید و سرش را بلند کرد و به اطراف سالن نگاه کرد و با صدایی درمانده گفت: «همیشه این‌طور فکر می‌کنم که وقتی صادقانه آهنگ می‌سازم و واقعاً آن را احساس می‌کنم پس موسیقی من نمی‌تواند ضد مردم باشد و خود من به‌نوعی هرچند جزئی نماینده‌ی این مردم هستم.»

وقتی از کنگره برمی‌گشت کم مانده بود غش کند. او را از استادی هنرستان‌های مسکو و لنینگراد عزل کردند. نمی‌دانست آیا باید ساکت بماند یا نه. تصمیم گرفت سلامت روانش را حفظ کند و به کارش ادامه دهد و مجموعه‌هایی از پیش‌درآمدها و فوگ‌ها را بعد از نمونه‌ای که باخ ساخته بود بسازد. طبیعی

بود که ابتدا آن‌ها را محکوم کنند. به او گفتند که علیه «واقعیت اطراف» خطا کرده است. همچنین نمی‌توانست این کلمات را از یاد ببرد. بعضی از کلمات مال خودش بود و بعضی را برایش مهیا کرده بودند و در چند هفته‌ی اخیر از دهانش خارج شده بود. فقط انتقاد از کارش نبود که او قبولش نداشت بلکه تحسین آن هم بود. در عمل اپرای «لیدی مکبث اهل متسنسک» را لغو کرده بود. یادش می‌آمد یک بار به دوست آهنگ‌سازی در مورد صداقت هنرمند و صداقت شخصی گفته بود که چقدر به هریک از ما بستگی دارد.

سپس بعد از یک سال بی‌مهری، دومین گفت‌وگوی دمیتری با دولت انجام شد. شاعر می‌گوید: «صدای تندر از آسمان‌ها می‌آید نه از کپه سرگین.» شانزدهم مارس 1949، دمیتری با نیتا و لویتین آهنگ‌ساز در خانه نشسته بود که تلفن زنگ زد. او گوشی را برداشت، گوش کرد، اخم کرد و به دو تای دیگر گفت: «استالین قرار است بیاید پشت خط.»

نیتا بی‌درنگ به اتاق دیگر دوید و گوشی دیگر را برداشت.

«دمیتری دمیتریویچ» صدای دولت بود، «حالتان چطور است؟»

«خیلی ممنون، ژوزف ویساریونویچ[77]، همه چیز خوب است. فقط کمی معده‌درد آزارم می‌دهد.»

«متأسفم که این را می‌شنوم. باید برایتان دکتری پیدا کنیم.»

«نه، خیلی ممنون. احتیاج ندارم. هر چه لازم باشد در اختیارم است.»

«خیلی خب.» سکوتی برقرار شد. سپس با لحن محکم گرجستانی، صدایی که از یک میلیون رادیو و بلندگو برمی‌آمد پرسید آیا دمیتری خبر دارد که کنگره‌ی علمی و فرهنگی برای صلح در دنیا قرار است در نیویورک برگزار شود. دمیتری گفت که باخبر است.

«و نظرتان در این‌باره چیست؟»

«ژوزف ویساریونویچ، من فکر می‌کنم که صلح همیشه بهتر از جنگ است.»

«بسیار خب. پس شما از اینکه یکی از نمایندگان ما باشید خرسند خواهید بود.»

«خیر، من نمی‌توانم. ببخشید.»

«نمی‌توانید؟»

«رفیق مولوتوف از من خواستند. من به ایشان گفتم که حالم آن‌قدر مساعد نیست که بتوانم بروم.»

«پس <u>همان‌طور</u> که گفتم برای شما دکتر می‌فرستیم تا حالتان بهتر شود.»

«موضوع فقط این نیست. من در هواپیما حالم بد می‌شود نمی‌توانم پرواز را تحمل کنم.»

«مشکلی نیست. دکتر برایتان دارو می‌نویسد.»

«لطف دارید.»

«پس می‌روید؟»

دمیتری مکث کرد. بخشی از وجودش آگاه بود که کوچک‌ترین حرف اشتباه می‌تواند او را به اردوگاه کار بیندازد. بخش دیگرش هم خلاف انتظارش وحشتی احساس نمی‌کرد.

«خیر، واقعاً نمی‌توانم بروم، ژوزف ویساریونویچ. دلیل دیگری دارم.»

«خب، چه دلیلی؟»

«کت و شلوار رسمی ندارم. نمی‌شود برای اجرا جلو انظار بدون لباس رسمی رفت. متأسفانه هزینه خریدش را هم ندارم.»

«این مشکل من نیست دمیتری دمیتریویچ اما مطمئنم کارگاه مدیریت کمیته مرکزی قادر است لباسی برای شما تهیه کند که بپسندید.»

«ممنونم اما متأسفانه دلیل دیگری هم هست.»

«بفرمایید ببینم دیگر چه؟»

بله، می‌شد تصور کرد که استالین نداند.

«واقعیت این است که من در موقعیت سختی هستم. آنجا در آمریکا آهنگ‌های مرا اغلب می‌نوازند اما اینجا این‌طور نیست. آن‌ها دلیلش را از من خواهند پرسید. به همین خاطر نمی‌دانم در این جایگاه چه جوابی باید بدهم.»

«منظورتان چیست، دمیتری دمیتریویچ می‌گویید که آهنگ‌های شما را نمی‌زنند؟»

«ممنوع است. مثل آهنگ‌های خیلی از همکارانم در اتحادیه‌ی آهنگ‌سازان.»

«ممنوع؟ چه کسی ممنوع کرده؟»

«کمیته دولتی رپرتوار. از چهاردهم فوریه‌ی سال پیش. فهرست بلندی تهیه کرده‌اند از کارهایی که اجازه‌ی اجرا ندارند، اما پیامد آن همان‌طور که تصور می‌فرمایید، ژوزف ویساریونویچ، این شده که مدیران علاقه‌ای ندارند کارهای دیگر من را هم برای اجرا بگذارند. به همین دلیل من در فهرست سیاه هستم. مثل خیلی از همکارانم.»

«چه کسی چنین فرمانی داده؟»

«باید فرمان یکی از رفیق‌های پیشوا باشد.»

صدای دولت پاسخ داد: «خیر. ما چنین فرمانی نداده‌ایم.»

دمیتری صبر کرد تا دولت به موضوع فکر کند. او هم، چنین کرد.

«خیر. ما این فرمان را نداده‌ایم. اشتباهی شده است. این اشتباه اصلاح خواهد شد. هیچ‌کدام از کار‌های شما ممنوع نیست. همه‌شان اجازه دارند به‌طور آزادانه اجرا شوند. همیشه همین‌طور بوده است. مسبب به‌طور رسمی توبیخ خواهد شد.»

چند روز بعد، دمیتری و دیگر آهنگ‌سازان، نسخه‌ای از فرمان منع اصلی را دریافت کردند. در بالای آن مدرکی ضمیمه شده بود دال بر غیرقانونی بودن فرمان و توبیخ کمیسیون دولتی رپرتوار به دلیل صادر کردن چنین فرمانی. اصلاحیه امضا شده بود: «رئیس شورای وزرای اتحاد جماهیر شوروی. آی. استالین.»

به‌این‌ترتیب دمیتری به نیویورک رفت.

به اعتقاد او گستاخی و استبداد ارتباط نزدیکی با هم داشتند. از یادش نرفته بود که وقتی لنین اراده‌ی سیاسی‌اش را دیکته می‌کرد و جانشینان احتمالی را از نظر می‌گذراند، اشتباه اصلی استالین را «گستاخی» دانسته بود. دمیتری در دنیای خودش متنفر بود که رهبران ارکستر را به‌عنوان «دیکتاتور» تحسین کنند. گستاخی در برابر نوازنده‌ی ارکستری که به بهترین وجه می‌نواخت نوعی بی‌احترامی بود. این مستبدین، این امپراطوران چوب‌به‌دست از چنین اصطلاحی حظ می‌کردند گویی ارکستر فقط وقتی خوب می‌نوازد که تازیانه بخورد و مورد استهزا و تحقیر قرار گیرد.

توسکانینی[78] از همه بدتر بود. دمیتری هرگز این رهبر ارکستر را موقع عمل ندیده بود. او را فقط از صفحات ضبط شده می‌شناخت، اما همه چیز اشتباه بود، ضرب‌آهنگ‌ها، شور و شوق، ریزه‌کاری‌های آهنگ... توسکانینی موسیقی را خرد می‌کرد و رویش را با سسی نفرت‌انگیز می‌پوشاند. این کارش دمیتری را خیلی عصبانی می‌کرد. استاد مذکور یک بار نسخه‌ای از سمفونی هفتمش را برای دمیتری فرستاد. او در پاسخ، خطاهای بسیار رهبر ارکستر را مشخص کرد. نمی‌دانست نامه به دست توسکانینی رسید یا نه و اگر رسید چقدرش را فهمید. شاید انتظار داشت نامه پر از تحسین باشد زیرا کمی بعد اخبار افتخارآمیز به مسکو رسید که او، دمیتری دمیتری‌ویچ شوستاکویچ، به‌عنوان عضو افتخاری جامعه‌ی توسکانینی انتخاب شده است! کمی پس از آن دمیتری هدایایی شامل صفحات ضبط گرامافون دریافت می‌کرد که همه را بردهٔتاز بزرگ رهبری کرده بود. البته دمیتری هیچ‌وقت آن‌ها را گوش نداد اما همه را برای هدیه دادن

جمع کرد، آن هم نه به دوستانش بلکه به آشنایانی خاص که از همین حالا حدس می‌زد ذوق‌زده خواهند شد.

موضوع فقط احترام به خویشتن نبود یا موضوعی که ربطی به موسیقی داشته باشد. چنین رهبران ارکستری بر سر نوازندگان ارکستر فریاد می‌زدند و ناسزا می‌گفتند، نمایش‌ها به پا کرده و تهدید می‌کردند که کلارینت اصلی را به‌خاطر دیر آمدن حذف می‌کنند. اعضای ارکستر هم وادار می‌شدند با او راه بیایند و پشت سرش داستان‌ها ببافند، داستان‌هایی که او را شخصیتی واقعی جلوه می‌داد. سپس به باوری می‌رسیدند که این امپراطور چوب‌به‌دست، خودش هم باور کرده بود: آن‌ها فقط وقتی خوب می‌نوازند که زیر تازیانه باشند. آن‌ها در دسته‌ای خودآزار، زیر بالوپر هم کز کرده و اغلب اشاره‌ی طعنه‌آمیزی به یکدیگر می‌کردند اما در اصل رهبر ارکسترشان را می‌ستودند که دارای بزرگ‌منشی، آرمان‌گرایی و حس هدفمندی است و وسعت دیدش از آن‌هایی که صرفاً پشت میز چنگ می‌زنند و فوت می‌کنند بسیار بیشتر است. استاد با وجود خشونتی که گاه‌به‌گاه ضرورت ایجاب می‌کرد، رهبر ارکستر بزرگی بود که می‌بایست از او پیروی کنند. حالا چه کسی می‌خواست هنوز منکر این شود که ارکستر، ذره‌ای از جامعه است؟

به‌این‌ترتیب چنین رهبر ارکستری، بی‌تاب از تنها پارتیتوری که مقابل داشت، وقتی تصور می‌کرد که اشتباه یا خطایی صورت گرفته، همیشه پاسخی مؤدبانه و رسمی ارائه می‌داد که از مدت‌ها قبل آماده کرده بود.

به همین دلیل چنین گفت‌وگویی را از قبل در نظر گرفته بود:

دولت: «ببینید، ما انقلاب کردیم!»

ابوای[79] دوم شهروندی: «بله، البته که انقلاب باشکوهی است. همه چیز پیشرفت خوبی کرده. واقعاً دستاورد بی‌نظیری است. فقط نمی‌دانم هر ازگاهی... البته شاید کاملاً اشتباه می‌کنم اما آیا واقعاً لازم بود به نام انقلاب آن‌همه مهندس، ژنرال، دانشمند و موسیقی‌شناس را اعدام کنید؟ میلیون‌ها نفر را به اردوگاه کار اجباری بفرستید تا آن‌قدر کار کنند که بمیرند، همه را وحشت‌زده کنید و به‌زور اعتراف بگیرید؟ ساختاری به وجود بیاورید که در آن صدها مرد هر شب منتظر این باشند که از تختخواب بیرون بکشندشان و به کاخ بزرگ یا لوبیانکا ببرندشان تا شکنجه‌شان کرده و ادارشان کنند اسمشان را زیر جعلیات محض امضا کنند، بعد گلوله‌ای پشت کله‌شان خالی کنید؟ من واقعاً نمی‌دانم شما متوجه هستید یا نه؟»

دولت: «بله، بله، منظورتان را می‌فهمم. مطمئنم حق با شماست، اما اجازه بدهید فعلاً این را کنار بگذاریم. دفعه‌ی بعد تغییرات لازم را خواهیم داد.»

سال‌ها دمیتری موقع سال نو به‌افتخار یک چیز جام می‌گرفت. برای سیصد و شصت و چهار روز از سال، تمام کشور باید به سماجت دیوانه‌وار هر روز دولت گوش می‌دادند که همه در بهترین شرایط ممکن در دنیا زندگی می‌کنند، بهشت خلق شده است یا خیلی زود وقتی چند تنه‌ی درخت دیگر خرد شود و میلیون‌ها تراشه‌ی چوب به پرواز در آیند و چند صد هزار خرابکار دیگر اعدام شوند، خلق خواهد شد. روزهای شادتر از راه خواهند رسید، شاید هم تابه‌حال رسیده باشند. روز سیصد و شصت و پنجم، دمیتری جامش را بلند می‌کرد و از صمیم قلب می‌گفت: «برای این‌که اوضاع از این بهتر نشود!»

البته روسیه پیش‌تر هم استبداد را شناخته بود. برای همین این کنایه بسیار به‌جا بود. «روسیه، سرزمین فیل‌هاست.» روسیه همه چیز را اختراع کرد زیرا... خب، اول برای این‌که اسمش روسیه بود، جایی که تو هم، طبیعی به‌حساب می‌آمد. دوم این‌که حالا اسمش جماهیر شوروی بود، پیشرفته‌ترین ملت از نظر اجتماعی در تاریخ، جایی که طبیعتاً همه چیز برای اولین‌بار در آن کشف شده بود. به همین دلیل وقتی شرکت موتور فورد دست از تولید فورد مدل A خود برداشت، مقامات اتحاد جماهیر شوروی، تمام کارخانه را خریدند و ببینید چه ساختند: اتوبوسی با بیست صندلی طراحی شوروی و بسیار اصیل یا کامیون‌های سبک! در مورد کارخانه‌های تراکتورسازی هم همین اتفاق افتاد: یک خط تولید آمریکایی، با وارد کردن لوازم از آمریکا و سوار کردن آن‌ها توسط متخصصان آمریکایی ناگهان تراکتورهای روسی می‌سازد. یا این‌که شما از دوربین لایکا کپی‌برداری می‌کنید و اسمش را از روی فلیکس زرژینسکی[80] می‌گذارید فِد (FED) و بقیه‌ی شوروی هم همین اسم را به کار می‌برند. چه کسی گفته عمر معجزه‌ها گذشته؟ همه چیز هم با کلمات حل می‌شود چون واقعاً قدرتی انقلابی برای دگرگون کردن دارند. مثلاً نان فرانسوی را در نظر بگیرید. همه برای سال‌ها آن را همان‌طور که بود و با همان نام می‌شناختند. سپس یک روز، نان فرانسوی از فروشگاه‌ها ناپدید می‌شود و به‌جایش «نان شهر» می‌آید، البته درست همان نان است، فقط تولید میهنی شوروی است.

وقتی حرف راست زدن امکان ندارد، چون منجر به مرگ می‌شود، پس باید تغییر ظاهر داد. در موسیقی محلی یهودیان، نومیدی به رقص تغییر می‌یابد. همچنین کنایه، تغییر ظاهرِ راست‌گویی است. زیرا گوش استبداد برای شنیدن آن چندان تنظیم نشده است. نسل پیشین، آن بولشویک‌های پیری که انقلاب کرده

بودند، این را نمی‌دانستند و همین یکی از دلایل از بین رفتن خیلی از آن‌ها شد. نسل دمیتری عمیق‌تری به آن چنگ زده بود. روز بعد از این‌که سفر نیویورک را پذیرفت، نامه‌ی زیر را نوشت:

ژوزف ویساریونویچ عزیز،

اول از همه لطفاً سپاس قلبی من را برای گفت‌وگوی دیروز بپذیرید. از آن‌جایی که سفر پیشِ رو به آمریکا مرا خیلی نگران کرده بود، بسیار حمایتم کردید. از اعتمادی که در من ایجاد کرده‌اید کمال افتخار را دارم. وظیفه‌ام را انجام خواهم داد. سخنرانی در دفاع از صلح به نمایندگی از طرف مردم جماهیر شوروی بزرگمان افتخار عظیمی برای من است. ناخوشی من نمی‌تواند مانعی بر سر راه انجام چنین مسئولیتی باشد.

وقتی نامه را امضا کرد به شک افتاد که نکند زمامدار و پیشوای بزرگ، خودش آن را نخواند. شاید موضوع نامه را به او انتقال دهند و خود نامه را در پرونده‌ای در جایی سر به نیست به نیست کنند. شاید ده‌ها سال آن‌جا بماند، شاید هم برای نسل‌ها، شاید دویست میلیارد سال. آن‌وقت ممکن است کسی آن را بخواند و با خود بگوید دقیقاً منظور او از این نامه چه بوده است؟ البته اگر اصلاً منظوری داشته است.

در دنیایی آرمانی، جوان نباید اهل کنایه باشد. در چنین سن‌وسالی، کنایه جلو رشد را می‌گیرد و مانع خیال‌پردازی می‌شود. بهتر این است که زندگی را با ذهنی باز و شاد آغاز کنیم، به دیگران ایمان داشته باشیم، خوش‌بین باشیم و با همه درمورد همه چیز رک‌ور‌است حرف بزنیم. سپس وقتی مردم و موضوعات اطراف را بهتر درک کردیم، کمی هم کنایه به کار ببریم. پیشرفت طبیعی زندگی بشر، از خوش‌بینی به بدبینی است و کنایه باعث تعدیل بدبینی می‌شود، به ایجاد تعادل کمک می‌کند و هماهنگی به وجود می‌آورد.

اما دنیای آرمانی این نیست و کنایه، به روش‌های ناگهانی و عجیب به وجود نمی‌آید. این‌طور نیست که شبانه مانند قارچی بروید یا مثل سرطان به‌طور وحشتناکی رشد کند.

متلک‌گویی برای گوینده‌ی آن خطرناک است، مثل زبان خراب‌کار و کارشکن می‌ماند، اما کنایه، حتی اگر همهمه‌ی زمان آن‌قدر بلند باشد که چهارچوب پنجره را از جا درآورد، شاید۔ آن‌طور که دمیتری امید داشت۔ به شما این قدرت را بدهد که آنچه را برایش ارزش قائلید، حفظ کنید. دمیتری برای چه چیزی ارزش قائل بود؟ موسیقی، خانواده، عشق. عشق، خانواده، موسیقی. ترتیب اهمیت تغییرپذیر بود. آیا کنایه می‌توانست موسیقی‌اش را حفظ کند؟ تا به

اینجا موسیقی، زبانی اسرارآمیز بود که به شما این اجازه را می‌داد تا نگذارید گذشته به گوش نامحرم برسد، اما نمی‌شود که آن را در زبان رمز نگه داشت. گاهی اوقات در تب‌وتاب این هستید که موضوعی را صریح بیان کنید. آیا کنایه می‌توانست از بچه‌هایش حمایت کند؟ ماکسیم، ده ساله بود و به مدرسه می‌رفت. او را وادار کرده بودند موقع امتحان درس موسیقی پیش چشم همه از پدرش بد بگوید. در چنین شرایطی، کنایه به چه کار گالیا و ماکسیم می‌آمد؟

مثلاً عشق، نه مثل تعبیر عجیب، پر لغزش، نسنجیده و آزاردهنده‌ی خودش از آن، بلکه عشق در مفهوم کلی، باید گفت که دمیتری همیشه معتقد بود که عشق به‌عنوان نیروی طبیعت، تباهی‌ناپذیر است. همچنین وقتی مورد تهدید قرار می‌گیرد می‌شود با کنایه مراقب آن بود و تروخشکش کرد. حالا دیگر چندان مطمئن نبود. استبداد آن‌قدر در ویران کردن متبحر شده بود که دلیلی نداشت عشق را هم عمداً یا غیرعمد ویران نکند. استبداد می‌خواست که تو عاشق حزب و عاشق دولت، زمامدار و پیشوای بزرگ و مردم باشی، اما عشق فردیِ بورژواها و خاص‌گرایان، انسان را از چنین عشق‌های بزرگ، والا، بی‌مفهوم و بی‌اندیشه دور می‌کند. در چنین زمان‌هایی مردم همیشه در خطر این خواهند بود که از خود دور شوند. اگر آن‌ها را تا حدی بترسانی، موجود دیگری می‌شوند، موجودی تحقیر شده و خوار، یعنی صرفاً شیوه‌هایی برای بقا. پس این فقط یک نگرانی محض نبود بلکه اغلب وحشتی فاقد خِرد و استدلال بود که دمیتری تجربه‌اش می‌کرد، وحشت از این‌که روزهای واپسین عشق فرا رسیده است.

وقتی چوب خُرد می‌کنی، تراشه‌هایش پرواز می‌کند. این عبارت محبوب سازندگان سوسیالیسم است. بااین‌همه وقتی تبرت را از زمین می‌گذاری اگر متوجه شوی که از جنگل چیزی به‌جا نمانده مگر تراشه، آن‌وقت چه؟

دمیتری در میانه‌ی جنگ، شش شعر نظم از شاعران بریتانیایی تنظیم کرده بود که یکی از آن‌ها را کمیسیون دولتی رپرتوار و بعد استالین ممنوع اعلام کرد. شعر پنجم، سونات ۶۶ بتهون بود: «خسته از همه چیز، مرگ آسوده را بانگ می‌زنم...» دمیتری مثل همه‌ی مردم روسیه عاشق شکسپیر بود و او را از ترجمه‌های پاسترناک به‌خوبی می‌شناخت. وقتی پاسترناک سونات ۶۶ را در منظر عام می‌خواند، شنونده با اشتیاق هشت بیت اول را گوش فرا می‌داد و بی‌تاب نُهمی بود:

و اقتدار، زبان هنر را بست.

همه به اینجا که می‌رسید، با او می‌خواندند، بعضی زیر لب، بعضی زمزمه‌وار و آن‌ها که شجاع‌تر بودند با صدای بلند، اما همه آن بیت را دروغ می‌دانستند، همه از زبان‌بسته شدن سر باز می‌زدند.

بله، دمیتری عاشق شکسپیر بود. پیش از جنگ، آهنگی برای نمایش هملت ساخته بود. چه کسی می‌توانست به درک عمیق شکسپیر از روح انسان و شرایط او شک کند؟ شرح مفصل‌تری از شاه لیر درمورد پراکنده بودن توهمات انسان هم وجود داشت؟ خیر، این موضوع اصلاً درست نبود: پراکنده بودن، نه. زیرا چنین کلمه‌ای به بحران بزرگ منفردی اشاره می‌کند. درحالی‌که آنچه برای توهمات انسان اتفاق افتاده این است که آن‌ها خرد شده و از بین رفته‌اند. فرآیند طولانی و خسته‌کننده‌ای بود، مثل دندان‌دردی که تا روح انسان پیشروی می‌کند، اما می‌توانی دندان را بکشی و درد از بین برود. درحالی‌که توهم حتی بعد از مرگ هم به فسادش ادامه می‌دهد و از درون انسان بوی تعفن می‌آید. نمی‌شود از شر طعم و بویش رها شد. آن‌ها را با خود همه‌وقت، همه‌جا می‌بریم. دمیتری هم همین کار را می‌کرد.

چطور امکان داشت عاشق شکسپیر نباشی؟ علاوه بر همه‌ی این‌ها، شکسپیر عاشق موسیقی بود. نمایش‌هایش پر از موسیقی بود، حتی تراژدی‌هایش. لحظه‌ای که لیر با صدای موسیقی از دیوانگی بیرون می‌آید... و لحظه‌ای در نمایش تاجر ونیزی که شکسپیر می‌گوید، مردی که موسیقی دوست ندارد قابل‌اعتماد نیست، چنین مردی توانایی انجام عمل زشت را دارد حتی می‌تواند مرتکب قتل شود یا خیانت کند. البته که مستبدان از موسیقی متنفرند ولی با حرارت وانمود می‌کنند که عاشق آنند. البته از شعر بیشتر بدشان می‌آید. دمیتری دلش می‌خواست در جلسه شعرخوانی شاعران لنینگراد حضور داشت و آخماتوا را می‌دید که وقتی روی صحنه رفت همه‌ی جمعیت ناخودآگاه از جا برخاستند و برایش کف زدند. رفتاری که استالین را شدیداً عصبانی کرد: «چه کسی برپا داده بود؟» اما مستبدان از تئاتر حتی بیش از شعر متنفر بودند و وحشت داشتند. شکسپیر آینه‌ای رو به طبیعت گرفته بود، چه کسی جرئت داشت تصویر خودش را در آن ببیند؟ به همین دلیل هملت مدت‌ها ممنوع شد. استالین از این نمایش به اندازه‌ی مکبث متنفر بود.

بااین‌همه، با وجود این‌که شکسپیر در نشان دادن این‌که مستبدان تا خرخره در خون‌اند نظیر نداشت اما کمی هم ساده‌لوح بود. زیرا دیوهای داستان‌هایش شک می‌کردند، خواب بد می‌دیدند، عذابِ وجدان می‌کشیدند و احساس گناه می‌کردند. آن‌ها ارواح کسانی را که کشته بودند می‌دیدند که مقابلشان بلند

می‌شوند، اما در زندگی واقعی، زیر وحشتی واقعی می‌گفتند، چه عذاب وجدانی؟ کدام خواب بدی؟ همه‌ی این‌ها احساسات بودند و خوش‌بینی‌های اشتباه، امید به این‌که دنیا آن‌طوری باشد که ما می‌خواهیم نه آن‌طور که هست. آن‌ها که درختان را قطع می‌کردند و تراشه‌های چوب را به پرواز درمی‌آوردند، آن‌ها که پشت میز هایشان در کاخ بزرگ، سیگار بلوموری می‌کشیدند، آن‌هایی که فرمان‌ها را امضا می‌کردند و تلفن می‌زدند و پرونده‌ای را می‌بستند و همراهش یک زندگی را، چند نفرشان خواب بد می‌دیدند، یا حتی ارواح مردگان به سمتشان خیز برمی‌داشتند؟

ایلف و پتروف نوشته‌اند: «کافی نیست فقط عاشق دولت شوروی باشی. باید عاشق خودت باشی.» خود او هم هیچ‌گاه مورد علاقه دولت شوروی نبود. او از خاندانی اشتباه می‌آمد: از خانواده‌ای دانشمند و آزادی‌خواه از شهر مشکوک سنت لنینزبرگ[81]. خالص بودن نژاد طبقه‌ی کارگری برای شوروی همان‌قدر مهم بود که برای نازی‌ها آریایی بودن. علاوه‌براین او آن‌قدر پرنخوت یا ابله بود که متوجه باشد و به خاطر بسپارد که آنچه حزب دیروز گفته است اغلب در تضاد مستقیم با آن چیزی است که امروز می‌گوید. دمیتری می‌خواست با موسیقی، با خانواده و دوستان، تنهایش بگذارند، ساده‌ترین آرزو و درعین‌حال غیرممکن‌ترین آن. آن‌ها می‌خواستند او را هم، مانند دیگران مهندسی کنند. آن‌ها می‌خواستند که او مانند کارگر برده‌ای در کانال دریای سفید نسخه‌ی جعلی خودش را بسازد. آن‌ها «شوستاکوویچی خوش‌بین» طلب می‌کردند. حتی اگر دنیا تا خرخره در خون و کثافت فرو می‌رفت از تو انتظار می‌رفت همیشه لبخند به لب داشته باشی، اما طبیعت هنرمند این بود که بدبین و سرگشته باشد. به‌این‌ترتیب آن‌ها می‌خواستند که تو هنرمند نباشی، اما خودشان هنرمندان زیادی داشتند که اصلاً هنرمند نبودند! چخوف می‌گوید: «وقتی قهوه تعارف می‌کنند سعی نکن در آن آب‌جو پیدا کنی.»

همچنین او هیچ‌یک از مهارت‌های سیاسی لازم را نداشت. ذوق این را نداشت که چکمه‌هایشان را لیس بزند، نمی‌دانست چه وقت باید در مورد بی‌گناهی تبانی کند و چه وقت به دوستی خیانت ورزد. باید کسی مثل خرنیکف[82] برای این کار داشته باشی. تیخون نیکولایویچ خرنیکف، آهنگ‌سازی با روح یک صاحب‌منصب اداری بود. کرنیکف، گوش متوسطی برای موسیقی داشت اما این گوش برای قدرت تیز بود. می‌گفتند برگزیده‌ی استالین است چرا که استالین غریزه‌ی چنین انتخاب‌هایی را دارد. به‌قول‌معروف، «ماهیگیر، ماهیگیر را از دور می‌شناسد.»

خرنیکف از خانواده‌ی تاجر اسب بود. فکر می‌کرد فرمان بردن، همچنین اطاعت از فرامینی که روی کاغذ می‌آمدند از طرف کسانی که گوش‌های الاغ دارند، طبیعی است. او از دهه 1930، به هنرمندانی که خبره‌تر و اصیل‌تر از او بودند حمله می‌کرد، اما وقتی استالین، در سال 1948، او را به‌عنوان معاون اول اتحادیه‌ی آهنگ‌سازان برگزید، قدرتش رسمی شد. او با به کار بردن عباراتی که گوش‌ها را سرخ می‌کرد به صورت‌گرایان و جهان‌شهریان بی‌ریشه توهین می‌کرد. سوابق حرفه‌ای را نابود و آدم‌ها را از کار بیکار می‌کرد و خانواده‌ها را از هم می‌پاشید...

اما باید درک او را از قدرت را تحسین می‌کردی که بین هیچ، نفر دوم بود. در فروشگاه‌ها پوسترهایی به نمایش می‌گذاشتند که مردم را تشویق می‌کرد چطور رفتار کنند: مشتری و فروشنده، هر دو رعایت ادب را بکنید، اما فروشنده همیشه مهم‌تر از مشتری بود. مشتریان بسیار بودند و فروشنده یک نفر بود. درمورد آهنگ‌سازان هم همین‌طور بود، آهنگ‌سازان بسیار بودند و معاون اول تک بود. خرنیکف در برابر همکارانش مثل فروشنده‌ی فروشگاهی رفتار می‌کرد که هرگز پوسترها را نخوانده است. قدرت کوچکش را مطلق می‌نمود. این را ممنوع و آن را تحسین می‌کرد و مثل هر صاحب‌منصب اداری دیگر هرگز فراموش نمی‌کرد قدرت کجا خوابیده است.

یکی از وظایف پیشین دمیتری دمیتریویچ به‌عنوان استاد هنرستان موسیقی کمک به امتحان گرفتن از هنرجویان در درس ایدئولوژی مارکسیست ـ لنینیست بود. او با ممتحن اصلی زیر پوستری بزرگ می‌نشست که بر آن نوشته بود: هنر به مردم تعلق دارد. وی. آی. لنین. از آنجایی که درک خودش از فرضیه‌ی سیاسی عمیق نبود، بیشتر ساکت می‌ماند تا اینکه یک روز مافوقش او را به‌خاطر عدم همکاری سرزنش کرد. به‌این‌ترتیب وقتی هنرجوی بعدی داخل شد و ممتحن اصلی با اشاره به همکار جوانش سر تکان داد، او از دختر ساده‌ترین پرسشی را کرد که به ذهنش می‌رسید.

«بگو ببینم، هنر به چه کسی تعلق دارد؟»

دختر حسابی گیج شده بود. دمیتری به آرامی سعی کرد او را راهنمایی کند.

«خب، سخن لنین چیست؟»

اما دختر آن‌قدر شوکه شده بود که سرنخ را نمی‌گرفت و با وجود همه‌ی اشاره‌های سر و چشم بالا گرداندن دمیتری، نتوانست محل جواب را پیدا کند.

در نظر او، دختر کارش را خوب انجام داده بود و وقتی اغلب او را در راهروها یا پلکان هنرستان می‌دید سعی می‌کرد لبخند تشویق‌آمیزی تحویلش

دهد. بااین‌حال، از آنجایی که دختر نتوانسته بود منظور دمیتری را از آن‌همه اشاره بفهمد احتمالاً فکر کرده بود آن لبخندها هم مثل چشم گرداندن‌های عجیب‌وغریب و سر تکان دادن‌ها، همه تیک‌های عصبی صورت آهنگ‌ساز مشهوری است که نمی‌تواند کنترل‌شان کند. بااین‌حال هر دفعه که دمیتری از کنار دختر می‌گذشت، این سؤال در ذهنش زنگ می‌زد: «بگو ببینم، هنر به چه کسی تعلق دارد؟»

هنر به همه تعلق دارد و به هیچ‌کس متعلق نیست. هنر به همه‌ی زمان‌ها تعلق دارد و به هیچ زمانی متعلق نیست. هنر به آن‌هایی تعلق دارد که آن را خلق کرده‌اند و آن‌هایی که از آن لذت می‌برند. هنر، دیگر به مردم و حزب تعلق ندارد همان‌طور که زمانی به اشراف‌زادگان متعلق بود و خدایگان. هنر زمزمه‌ی تاریخ است که بلندتر از همهمه‌ی زمان به گوش می‌رسد. هنر به‌خاطر هنر هستی نمی‌یابد: هستی‌اش به‌خاطر مردم است، اما کدام مردم و چه کسی آن‌ها را مشخص می‌کند؟ دمیتری همیشه به هنر خود به‌عنوان ضد اشراف‌زادگی نگاه می‌کرد. آیا او همان‌طور که تحقیرکنندگانش می‌گفتند برای نورچشمی‌های جهان‌شهری بورژوا آهنگ می‌ساخت؟ خیر. آیا آن‌طور آهنگ می‌ساخت که تحقیرکنندگانش از او می‌خواستند؟ برای معدنچیان دنباس[83] که خسته از کار به نوشیدنی آرام‌بخشی نیاز داشتند؟ خیر. او برای همه آهنگ می‌ساخت و برای هیچ‌کس. برای آن‌هایی آهنگ می‌ساخت که بدون توجه به این‌که از کدام طبقه‌ی اجتماع باشند؛ از همه بیشتر به موسیقی او ارج می‌نهادند. برای گوش‌هایی آهنگ می‌ساخت که بتوانند آن را بشنوند و می‌دانست به‌این‌ترتیب همه‌ی تعاریف درست، هنر مدورند و همه‌ی تعاریف نادرست، وظیفه‌ی خاصی را به آن نسبت می‌دهند.

راننده‌ی ماشین بالابری در یک محوطه‌ی ساختمان‌سازی یک بار شعری نوشت و برای دمیتری فرستاد. او در پاسخ نوشت: «شغل تو، حرفه‌ای عالی است. تو خانه‌هایی می‌سازی که بسیار مورد نیازند. نصیحت من به تو این است که به کار مفید خودت ادامه بده.» این را نوشت نه به این خاطر که معتقد بود راننده‌ی ماشین بالابر قادر نیست شعر بنویسد بلکه این شخص خاص، در جایگاه شاعری، استعدادی از خود نشان نداده بود. اگر دمیتری را هم پشت فرمان ماشین بالابر می‌گذاشتند و می‌گفتند اهرمی را حرکت می‌دهد، همین‌قدر استعداد از خود نشان می‌داد. او دلش می‌خواست در گذشته، اشراف‌زاده‌ای، نمونه‌ای از نوشته‌اش با همان ارزش را نزد او می‌فرستاد و او شجاعت این را داشت تا به او بگوید: «والا حضرت، شما از چنان جایگاه برجسته و حساسی برخوردارید

که از یک‌سو باید مسئول حفظ شکوه اثر افزادگی و از طرف دیگر مراقب رفاه آن‌هایی باشید که در زمین‌هایتان جان می‌کنند. توصیه‌ی من به شما این است که به کار مفیدتان ادامه دهید.»

استالین عاشق بتهوون بود. این را استالین می‌گفت و خیلی از موسیقی‌دانان تکرارش می‌کردند. استالین عاشق بتهوون بود زیرا او انقلابی واقعی به‌حساب می‌آمد و مقامش به بلندی کوه‌ها بود. استالین هر چیزی را که والا مقام بود دوست داشت و برای همین عاشق بتهوون بود و گوش‌هایش سرشار از شنیدن این حرف از طرف مردم.

اما عشق استالین به بتهوون پیامدی منطقی داشت. البته آهنگ‌ساز آلمانی در زمان بورژواها و سرمایه‌داران زندگی کرده بود. از این‌رو همبستگی‌اش با طبقه‌ی کارگر و اشتیاقش برای دیدن آزادی آن‌ها از یوغ بندگی، به‌طور حتم از آگاهی سیاسی پیش‌انقلابی ناشی می‌شد. او طلایه‌دار بود، اما حالا که اشتیاق انقلاب بالا گرفته بود، حالا که پیشرفته‌ترین جامعه در دنیا از نظر سیاسی بنا شده بود، حالا که آرمان‌شهر، باغ عدن و سرزمین موعود یک‌جا جمع شده بودند، از نظر منطقی معلوم بود که چه پیش خواهد آمد: بتهوون سرخ.

این ایده‌ی مضحک از هرجا آمده بود، که احتمالاً مثل خیلی از ایده‌های دیگر به‌طور کامل از پیشوای بزرگ و افکار خود زمامدار ناشی شده بود، مفهومی به شمار می‌آمد که به‌محض ادا شدن باید در قالب مخصوص خود جا می‌گرفت. بتهوون سرخ کجا بود؟ به‌این‌ترتیب جست‌وجویی سراسری آغاز شد که از زمان جست‌وجوی هیرود برای یافتن عیسای نوزاد همتا نداشت. خب، اگر روسیه سرزمین فیل‌ها بود مگر نمی‌توانست سرزمین بتهوون سرخ هم باشد؟

استالین به آن‌ها اطمینان داد که همگی پیچ‌های دستگاه کشورند، اما بتهوون سرخ، چرخدنده‌ی قدرتمند آن خواهد بود و نمی‌شود آن را پنهان ساخت. پر واضح است که او از طبقه‌ی پاک کارگری خواهد بود و عضوی از حزب. چنین شرایطی خوشبختانه شامل دمیتری دمیتریویچ شوستاکوویچ نمی‌شد. آن‌ها به‌جای دمیتری مدتی انگشت نشانه را سمت الکساندر دیویدنکو [84] گرفتند، که یکی از رهبران انجمن کارگری موسیقی‌دانان (RAPM) بود. آهنگش با نام «آن‌ها می‌خواستند ما را شکست بدهند، ما را شکست بدهند» به مناسبت جشن پیروزی افتخارآمیز ارتش سرخ بر چینی‌ها در سال 1929، حتی مشهورتر از «آهنگ کانترپلان» شده بود. این آهنگ با اجرای تک‌نوازها و گروه کر، پیانیست‌ها، نوازندگان ویولن و چهارگانه‌های زهی ده سال تمام همه را به وجد آورده و هیجان‌زده کرده بود. به نظر می‌رسید که می‌توانست جایگزین همه‌ی

آهنگ‌های در دسترس دیگر شود. صلاحیت‌های دیویدنکو بی‌عیب‌ونقص بودند. او در یتیم‌خانه‌ی مسکو درس داده بود. بر فعالیت‌های شورانگیز اتحادیه‌ی کفاشان، اتحادیه‌ی کاشی‌کاران، و حتی ناوگان دریای سیاه در سواستوپول[85] نظارت کرده بود. او همچنین اپرای کارگری معتبری درباره‌ی انقلاب 1905 ساخته بود. ولی بااین‌حال با وجود همه‌ی این شایستگی‌ها، با کله‌شقی، آهنگ‌ساز «آن‌ها می‌خواستند ما را شکست بدهند، ما را شکست بدهند» باقی مانده بود. اثری کاملاً آهنگین و البته کاملاً عاری از گرایش‌های صورت‌گرایانه، اما دیویدنکو به‌نوعی نتوانسته بود بر موفقیتش بیفزاید و عنوانی را که استالین مشتاق ارزانی کردنش بود به دست آورد. شاید هم این از خوش‌اقبالی‌اش بود. بتهوون سرخ به‌محض تاج‌گذاری بعید نبود سرنوشتی مانند ناپلئون سرخ پیدا کند. یا بلایی مثل بوریس کورنیلوف[86]، ترانه‌سرای کانترپلان، بر سرش آید. آن‌همه کلمات عاشقانه‌ای که در آن شعر گنجانده بود و آن‌همه گلویی که آن‌ها را ادا کرده بودند نتوانستند جلوی دستگیری‌اش در سال 1937 و به اصطلاح خودشان پاک‌سازی‌اش در سال 1938 را بگیرند.

جست‌وجو برای یافتن بتهوون سرخ احتمالاً ماجرایی خنده‌دار بود. البته هیچ‌چیز در اطراف استالین خنده‌دار نبود. زمامدار و پیشوای بزرگ می‌توانست به‌راحتی تصمیم بگیرد، پیدا نشدن بتهوون سرخ ربطی به سازماندهی زندگی موسیقایی در اتحاد شوروی ندارد و کاملاً به فعالیت‌های خراب‌کاران و کارشکنان مربوط می‌شود. چه کسی ممکن است بخواهد در پیدا کردن بتهوون سرخ اخلال ایجاد کند؟ البته که موسیقی‌شناسان صورت‌گرا! باید به افراد سازمان اطلاعات وقت کافی داد تا آن‌ها بی‌وبروبرگرد، توطئه موسیقی‌شناسان را برملا کنند. آن هم شوخی‌بردار نیست.

ایلف و پتروف گزارش کرده بودند که در آمریکا تخلف سیاسی حتی از نوع مجرمانه‌اش وجود ندارد. همچنین آل کاپون در سلول آلکاتراز برای روزنامه هارست مقاله‌هایی ضد شوروی می‌نوشت. همچنین آن‌ها متوجه شده بودند که مهارت آشپزی و احساسات طوطی‌وار آمریکایی‌ها در حد مبتدی است. البته دمیتری درمورد دومی نظری نداشت، هرچند که در میانه‌ی یکی از کنسرت‌ها برایش اتفاق عجیبی با یک زن افتاده بود. او در محوطه حصار کشیده شده ایستاده بود که شنید زنی پیاپی نام او را صدا می‌کند. با فرض این‌که زن می‌خواهد درمورد آهنگ‌هایش با او حرف بزند اشاره کرد که اجازه بدهند وارد محوطه شود. زن مقابل او ایستاد و با حالتی صمیمی و شاد گفت: «سلام. شما خیلی شبیه پسر عمویم هستید.»

جمله‌اش شبیه جمله‌هایی بود که جاسوسان برای ارتباط با هم به زبان می‌آورند، ازاین‌رو دمیتری موضع دفاعی گرفت. پرسید که آیا این پسرعمو روسی است؟

زن جواب داد: «نه، صددرصد آمریکایی است. نه، صدوده درصد آمریکایی است.»

دمیتری صبر کرد تا او حرفی از موسیقی به زبان بیاورد، یا از کنسرتی که هر دو در آن شرکت داشتند، اما زن پیغامش را داده بود و با لبخند شاد و صمیمی دیگری او را ترک کرد. دمیتری گیج شده بود. پس او شبیه یک نفر دیگر بود. یا یک نفر دیگر شبیه او بود. آیا این مفهومی داشت؟ یا اصلاً مفهومی نداشت؟

وقتی قبول کرد در کنگره‌ی فرهنگی و علمی برای صلح جهانی شرکت کند می‌دانست که چاره‌ی دیگری ندارد. همچنین حدس می‌زد که ممکن است به‌عنوان شخص اصلی و نماینده‌ی ارزش‌های شوروی معرفی شود. انتظار داشت بعضی از آمریکایی‌ها از او استقبال کنند و برخی دشمنی. به او دستور داده بودند که بعد از کنگره از نیویورک خارج شود تا در راهپیمایی صلح در نوارک و بالتیمور شرکت کند. همچنین قرار بود در ییل و هاروارد هم سخنرانی و اجرا داشته باشد. تعجب نمی‌کرد وقتی می‌دید بعضی از این دعوت‌نامه‌ها زمانی که به لاگاردیا می‌رسیدند از قبل فسخ شده است. همچنین وقتی وزارت امور خارجه زودتر از موعد آن‌ها را به کشور برگرداند دلسرد نشد. همه‌ی این‌ها قابل پیش‌بینی بود. آنچه آمادگی‌اش را نداشت این بود که نیویورک جایی از آب درآید که کاملاً مورد تحقیر قرار گیرند و رسوایی اخلاقی به بار آید.

سال قبل از آن، زن جوانی که در کنسولگری شوروی کار می‌کرد از پنجره‌ای بیرون پریده و تقاضای پناهندگی سیاسی کرده بود. برای همین در طول کنگره، هر روز مردی بیرون هتل والدورف آستوریا رژه می‌رفت و پلاکاردی در دست می‌گرفت که روی آن نوشته بود: شوستاکوویچ از پنجره بیرون بپر! حتی پیشنهاد دادند که اطراف ساختمان محل اقامت هیئت روسی، توری تعبیه کنند تا اگر کسی خواست، بتواند خود را رها کند. او می‌دانست این تبوتاب تا آخر کنگره بر پا خواهد بود، اما مطمئن نبود اگر از پنجره بیرون بپرد روی تورها بیفتد.

خیر، این درست نبود. این کار صادقانه به‌حساب نمی‌آمد. او سمت خیابان نمی‌رفت، دلیلش ساده بود، چون قرار نبود بپرد. چند بار در طول آن سال‌ها تهدید به خودکشی کرده بود؟ قابل شمارش نبود. چند بار واقعاً اقدام به آن کرده بود؟ هیچ‌وقت. علتش این نبود که جدی نمی‌گفت؛ در آن لحظه واقعاً احساس می‌کرد

می‌خواهد خودکشی کند البته این در صورتی بود که می‌شد چنین احساسی کرد و اقدام به آن نکرد. یکی دو بار قرص خریده بود تا کار را با آن یک‌سره کند اما هیچ‌وقت پنهانش نکرد؛ در نتیجه بعد از ساعت‌ها مشاجره و اشک ریختن، دست آخر قرص‌ها را به‌زور از او می‌گرفتند. دمیتری مادرش، تانیا و نیتا را تهدید کرده بود که خودکشی می‌کند. نیتش در همه‌ی موارد کاملاً صادقانه و همان‌قدر بچگانه بود.

تانیا به تهدیدهایش خندیده بود. مادرش و نیتا آن‌ها را جدی گرفته بودند. وقتی از کنگره‌ی تحقیرآمیز آهنگ‌سازان برگشت، نیتا بود که جمع‌وجورش کرد، اما فقط قدرت معنوی او نبود که دمیتری را نجات داد، بلکه آنچه را که مشغول انجامش بود دقیقاً درک کرده بود. این بار، دیگر تانیا، مادرش و نیتا را تهدید به خودکشی نکرد بلکه دولت را تهدید کرد. به اتحادیه‌ی آهنگ‌سازان، به آن گربه‌هایی که بر روحش چنگول می‌کشیدند، به تیخون نیکولایویچ خرنیکف و به خود استالین گفت: ببینید مرا تا چه حد خوار کرده‌اید، به‌زودی جنازه‌ام روی دست‌ها و بر وجدانتان می‌ماند، اما متوجه شد تهدیدش توخالی است و نیازی نبود دولت پاسخش را به زبان آورد. پاسخی که قرار بود داده شود این بود: بسیار خب، ادامه بده. آن‌وقت ما هم داستانت را برای همه‌ی دنیا تعریف می‌کنیم؛ این‌که چطور تا خرخره در توطئه‌ی ترور توخاچفسکی شرکت داشتی، چطور ده‌ها سال نقشه ریختی که موسیقی شوروی را تضعیف کنی، چطور آهنگ‌سازان جوان را به فساد کشیدی، تلاش کردی سرمایه‌داری را به اتحاد جماهیر شوروی برگردانی و عضو پیشرو توطئه‌ی موسیقی‌شناسان بودی، توطئه‌ای که به‌زودی بر جهانیان فاش خواهد شد. همه‌ی این‌ها در یادداشت خودکشی‌ات خواهد بود. برای همین دمیتری نتوانست خودش را بکشد: زیرا آن‌وقت آن‌ها داستانش را می‌دزدیدند و بازنویسی می‌کردند. او هرچند به روشی نومیدانه و عصبی مجبور بود مسئولیت زندگی و داستانش را خودش به عهده بگیرد.

برانگیز انندهی شرم اخلاقی‌اش مردی بود به نام ناباکف؛ نیکولاس ناباکف، خودش تا حدی آهنگ‌ساز بود. روسیه را در دهه‌ی سی ترک کرده و در آمریکا خانه‌ای برای خود گرفته بود. ماکیاولی می‌گوید، هرگز نباید به تبعید اعتماد کنی. این یکی شاید به درد سازمان سیا(CIA) می‌خورد. هرچند که چیزی را عوض نمی‌کرد.

در اولین مجمع عمومی در هتل والدورف آستوریا، ناباکف در ردیف اول درست مقابل دمیتری نشسته بود، آن‌قدر به هم نزدیک بودند که زانوهایشان ممکن بود به هم بخورد. او با کت پشمی خوش‌دوخت مدل آمریکایی و موهای

روغن زده‌اش با صمیمیتی نخوت‌آمیز اشاره کرد که به سالنی که در آن نشسته‌اند اتاق پروکه نام دارد. او توضیح داد که پروکه به معنی طوطی است و آن را به روسی ترجمه کرد. بعد هم پوزخندی زد که گویی معنی این کنایه را همه می‌دانند. چنان راحت در ردیف جلو ولو شده بود که معلوم بود در استخدام مقامات آمریکایی است. این موضوع دمیتری دمیتریویچ را نگران‌تر از پیش کرد. وقتی دمیتری می‌خواست سیگاری روشن کند کبریت را می‌شکست، یا اگر روشن می‌کرد حواسش نبود و سیگار تا ته می‌سوخت. تبعیدی ملبس به کت و شلوار پشمی همیشه با فندکش آماده بود و آن را کمی پایین‌تر از دماغ دمیتری روشن می‌کرد؛ گویی می‌خواست بگوید، از پنجره بیرون بپر، آن‌وقت می‌توانی فندک زیبا و براقی مثل مال من داشته باشی.

هر که اندکی شم سیاسی داشت می‌فهمید که دمیتری متن سخنرانی را خودش ننوشته است، چه آن سخنرانی کوتاه روز جمعه و چه آن یکی که بلندتر بود و روز شنبه ایراد کرده بود. متن را پیش‌تر به او داده و دستور داده بودند آماده‌اش کند. طبیعتاً دمیتری این کار را نکرده بود. اگر می‌خواستند توبیخش کنند او می‌گفت که آهنگ‌ساز است نه سخنران. متن سخنرانی روز جمعه‌اش را چنان تند و یکنواخت بلغور کرد که معلوم بود با متن آشنا نیست. از روی نقطه‌گذاری‌ها چنان بی‌توجه می‌گذشت که گویی وجود ندارند، نه برای تأثیرگذاری‌ها مکث می‌کرد نه برای واکنش‌ها. با رفتارش نشان می‌داد که این‌ها هیچ‌کدام ربطی به من ندارند. وقتی مترجم ترجمه‌ی انگلیسی را می‌خواند نگاه خیره آقای نیکولاس ناباکف را نادیده گرفت و از ترس اینکه سیگارش خاموش نشود اصلاً آن را روشن نکرد.

سخنرانی روز بعد متفاوت بود. طولانی بودن و وزنش را در دست‌هایش احساس می‌کرد و بی‌آنکه از قبل به آن‌ها که مسئول آسایشش بودند خبر دهد، فقط صفحه‌ی اول را خواند و نشست و خواندن متن کامل را برای مترجم گذاشت. زمانی که متن انگلیسی خوانده می‌شد او نسخه‌ی روسی‌اش را دنبال می‌کرد چون کنجکاو بود نظرات مبتذل خودش را درمورد موسیقی و صلح و خطرات پیشِ رویِ هریک از آن‌ها را کشف کند. او با حمله به دشمنان همزیستی صلح‌آمیز آغاز کرد و از فعالیت‌های متجاوزانه‌ی گروهی از شبه نظامیان و نفرت‌افروزانی که نیتشان به راه انداختن جنگ جهانی سوم بود، سخن گفت. او به‌طور خاص دولت آمریکا را برای ساختن پایگاه‌های نظامی هزاران کیلومتر دورتر از کشور خود و زیر پا گذاشتن تحریک‌آمیز تعهدات و پیمان‌های بین‌المللی خود و ساختن انواع جدید سلاح‌های کشتار جمعی محکوم

کرد. حاضران برای این سخنان شدیداً خارج از نزاکت، با صدای بلند و پیاپی کف زدند.

سپس او با لحنی بندهنوازانه برای آمریکایی‌ها توضیح داد که چطور ساختار موسیقی شوروی بر هر نوع موسیقی دیگر روی کرهٔ زمین برتری دارد. این همه نوازندگان ارکستر، گروه‌های موسیقی نظامی، گروه‌های محلی، دسته‌های همخوانی، گواه کاربرد فعالانهٔ موسیقی در تسریع پیشرفت جامعه بود. برای همین، به‌طور مثال مردم آسیای میانه اهل شوروی و خاور دور اهل شوروی آخرین بقایای وضعیتی استعماری را که فرهنگ‌هایشان زیر لوای تزاریسم با آن یکسو شده بودند در سال‌های اخیر دور انداختند. اوزبک‌ها و تاجیک‌ها با دیگر مردم سراسر اتحاد جماهیر شوروی از گستره و سطح بی‌نظیری از رشد موسیقی بهره می‌گرفتند. در این قسمت از درنگ متن، او به تندی به مستر هانسون بالدوین، سردبیر نظامی نیویورک تایمز تاخت که در مقالهٔ اخیرش که طبیعتاً نه او آن را خوانده و نه چیزی درموردش شنیده بود، مردم آسیای شوروی را مورد تحقیر قرار داده است.

او ادامه داد چنین توسعه‌هایی بی‌تردید به نزدیکی و درک بیشتر میان مردم و حزب و آهنگ‌ساز شوروی منجر می‌شود. اگر آهنگ‌ساز باید مردم را هدایت کند و به آن‌ها انگیزه بدهد پس مردم هم از طریق حزب باید آهنگ‌ساز را هدایت کنند و به او انگیزه بدهند. انتقاد به شیوه‌ای فعال و سازنده وجود دارد تا در صورتی‌که آهنگ‌ساز دچار خطاهای ذهن‌گرایانه جزئی و فردیت درون‌گرا، صورت‌گرایی یا جهان‌شهری گردد به او هشدار داده شود. به‌طور خلاصه همهٔ این‌ها در صورتی است که او و ارتباطش با مردم قطع شود. خود او هم در این زمینه از خطا به دور نیست. او از راهِ راستِ آهنگ‌سازی شوروی و از موضوعات بزرگ و سیمای رایج امروزی جدا شده بود. او ارتباطش را با توده‌ها از دست داده و فقط در پی خشنود کردن طبقهٔ کوچکی از موسیقی‌دانان فرهیخته بود، اما مردم نمی‌توانستند در برابر چنین انحرافی بی‌تفاوت بمانند و به‌این‌ترتیب او با انتقاد عمومی روبه‌رو شد و این جریان، او را دوباره به جادهٔ اصلی برگرداند. او برای چنین قصوری پوزش طلبید و حالا دوباره پوزش می‌طلبد. وی تلاش می‌کند در آینده بهتر عمل کند.

تا اینجا با همهٔ ابتذال متن، دست‌کم دمیتری امیدوار بود که فقط آمریکایی‌ها آن را می‌شنوند، اعتراف ضروری به گناهان دیگر، حتی در مکانی بیگانه. اما پس از آن چشمانش خیره ماند و مغزش دیگر کار نمی‌کرد. او در متن، نام بزرگترین آهنگ‌ساز قرن را دید و تلفظ آمریکایی آن را شنید. ابتدا

نکوهش کلی همه‌ی موسیقی‌دانانی بود که به اصل هنر برای هنر به‌جای هنر برای توده‌های مردم معتقد بودند؛ طرز فکری که به تحریف معروف موسیقی منجر شده بود. شنید که خودش می‌گوید، نمونه‌ی بارز چنین تحریفی، آثار ایگور استراوینسکی بود که به سرزمین بومی‌اش خیانت کرده و با پیوستن به دسته‌ی کوچکی از موسیقی‌دانان جدید مرتجع، خود را از مردمش جدا کرده بود. آهنگ‌ساز در تبعید نشان داده بود که خالی از معنویات است و این در نوشته‌های پوچ‌گرایانه‌اش مشهود بود، مثلاً آن‌جا که توده را رد می‌کند و آن را «اصطلاحی کمّی که هیچ‌وقت توجهم را به خود جلب نکرده» خطاب می‌کند و به‌وضوح لاف می‌زند که «موسیقی من هیچ‌چیز واقع‌گرایانه‌ای را بیان نمی‌کند.» او به این وسیله پوچی بیش از حد و فقدان مفهوم را در آثارش تأیید می‌کند.

نویسنده‌ی مفروض چنین کلماتی آن‌جا بی‌حرکت نشسته بود و واکنشی نشان نمی‌داد، اما در درون احساس می‌کرد شرم و تحقیر همه‌ی وجودش را دربرگرفته است. چرا این متن را قبلاً نخوانده بود؟ اگر حتی متن روسی را تا آخر می‌خواند شاید می‌توانست تغییرش دهد، کمی متعادلش کند. او ابلهانه تصور کرده بود که بی‌تفاوتی عمومی به سخنرانی او نشانه‌ی بی‌طرفی اخلاقی است. این تفکر ساده‌لوحانه و ابلهانه بود. خشکش زده بود و نمی‌توانست حواسش را جمع کند که ببیند صدای آمریکایی‌اش در مورد پروکوفیف چه می‌گوید. همچنین سرگئی سرگیویچ به تازگی اگر به رهنمون‌های کمیته‌ی مرکزی گوش فرانمی‌داد از خط حزب دور شده و در خطر بزرگ گرفتاری در چنگ صورت‌گرایی می‌افتاد، اما در جایی که استراوینسکی هدفی از دست رفته است، پروکوفیف اگر مراقب باشد شاید بتواند موفقیت خلاقانه‌ی بزرگی را با دنبال کردن راه درست از آن خود کند.

او گفته‌هایش را چنین جمع‌بندی کرد که امیدهای شورانگیز برای صلح جهانی با تعصب جاهلانه در مورد موسیقی ترکیب شده است. در این‌جا حاضران برایش کف مفصل زدند. درواقع این کارشان به احترام شوروی بود. چند سؤال بی‌ضرر از طرف حاضران مطرح شد که او با کمک مترجم و مشاوری صمیمی که ناگهان بغل گوشش ظاهر شده بود، آن‌ها را مورد بحث قرار داد، اما بعد از آن چشمش افتاد به هیکلی با کتی پشمی که پیش پایش ایستاد. این بار نه در ردیف جلو، بلکه در جایگاهی که از آن حاضران می‌توانستند بازجویی راه افتاده را ببینند و بشنوند.

مستر نیکولاس ناباکف با رنجشی ملایم چنین توضیح داد که کاملاً می‌فهمد که آهنگ‌ساز اینجا در موقعیتی رسمی بوده و نظراتی که در سخنرانی‌اش

بیان شد نظرات هیئت رژیم استالین است، اما می‌خواهد سؤالاتی را از او، نه به‌عنوان نماینده بلکه یک آهنگ‌ساز بپرسد، یعنی در واقع پرسش آهنگ‌سازی از آهنگ‌ساز دیگر.

«آیا محکوم کردن همه جانبه و تندخویانه‌ی موسیقی غربی را آن‌طور که در روزنامه‌ها و دولت شوروی تفسیرش می‌کنند قبول دارد؟»

دمیتری حضور مشاور را بیخ گوشش احساس کرد اما نیازی به او نبود. می‌دانست چه جوابی باید بدهد زیرا گریزی از آن نداشت. او را از راهی پر پیچ‌وخم به اتاق آخر رسانده بودند، اتاقی که در آن غذایی برای پاداش نبود بلکه فقط دریچه‌ای بود زیر پایش. از این‌رو با صدایی بی‌احساس جواب داد: «بله، من شخصاً این نظرات را قبول دارم.»

«آیا شخص شما ممنوعیت موسیقی غربی را در سالن‌های کنسرت شوروی تأیید می‌کند؟»

این سؤال، کمی فضا را برای جولان دادن بازتر می‌کرد. دمیتری پاسخ داد: «اگر موسیقی خوب باشد اجرا می‌شود.»

«شخص شما ممنوعیت آثار هیندمیث شونبرگ و استراوینسکی در سالن‌های کنسرت شوروی را تأیید می‌کند؟»

دیگر احساس می‌کرد عرق از پشت گوش‌هایش می‌چکد. زمانی را که برای ترجمه به دست آورده بود یاد مارشال افتاد که قلم برداشته بود تا بنویسد.

«بله، شخصاً چنین اعمالی را تأیید می‌کنم.»

«و شخص شما نظراتی را که امروز در متن سخنرانی‌تان در مورد موسیقی استراوینسکی بیان شد، تأیید می‌کند؟»

«بله، شخصاً چنین نظراتی را تأیید می‌کنم.»

«و آیا شخص شما نظراتی را که در مورد موسیقی‌تان و موسیقی دیگر آهنگ‌سازان توسط وزیر ژدانف بیان شد تأیید می‌کند؟»

ژدانف، از سال 1936 او را به ستوه آورده بود، آثار او را ممنوع و مسخره کرده و تهدیدش کرده بود. موسیقی او را به صدای مته‌ی جاده‌سازی و اتاق گاز تشبیه کرده بود.

«بله، شخصاً نظرات بیان شده‌ی رئیس ژدانف را تأیید می‌کنم.»

«ممنونم،» ناباکف این را گفت و نگاهی به اطراف سالن انداخت، گویی انتظار داشت همه کف بزنند. «حالا همه چیز کاملاً روشن شد.»

داستانی در مورد ژدانف بیش از دیگر استان‌ها در مسکو و لنینگراد تکرار می‌شد، داستان درس موسیقی. اگر گوگول بود تأییدش می‌کرد، حتی شاید خودش

آن را می‌نوشت. بعد از فرمان کمیته‌ی مرکزی در سال 1948، ژدانف به آهنگ‌سازان پیشرو کشور دستور داد که در وزارتخانه‌اش جمع شوند. بعضی‌ها می‌گفتند، فقط دمیتری و پروکوفیف بودند وبعضی دیگر از همه‌ی گناهکاران و راهزنان اسم می‌بردند. آن‌ها را به اتاق بزرگی راهنمایی می‌کنند، پیانو و جایگاهی برای نشستن بزرگان روی صحنه قرار داده بودند. نوشیدنی وجود نداشت تا وحشتت را با آن تخفیف دهی، ساندویچی هم نبود که قاروقور معده‌ات را خاموش کنی. آن‌ها را مدتی معطل نگه داشتند. سپس ژدانف با دو مأمور پایین‌رتبه ظاهر شد. به‌طرف جایگاه رفت و از آن بالا به خراب‌کاران و کارشکنان موسیقی شوروی چشم دوخت. یک بار دیگر درمورد کارشکنی، خیال باطل و پوچی کارشان موعظه کرد. توضیح داد که اگر راهشان را عوض نمی‌کردند، چطور امکان داشت بازی نبوغ هوشیارانه‌شان به فرجامی بد بینجامد. سپس درست زمانی که دیگر آهنگ‌سازان داشتند از وحشت خودشان را خراب می‌کردند، ناگهان کار غیر مترقبه‌ای کرد. به‌طرف پیانو رفت و شروع کرد به درس دادن. بر کلیدها ضربه‌هایی ناهماهنگ زد و صدایی ناهنجار از قات‌قات و غرغر بیرون آمد و آن را موسیقی منحط و صورت‌گرا نامید. بعد آهنگ نئورمانتیک پر احساسی زد، که به درد فیلمی می‌خورد که در آن دختر مغرور در آخر، عشقش را اقرار می‌کند، و آن را موسیقی باشکوه، واقعی و از آن نوعی نامید که ملت، مشتاق و حزب، خواهان شنیدنش هستند. او ایستاد، نیمه تعظیم مسخره‌ای کرد و با پشت دست به آن‌ها اجازه داد مرخص شوند. آهنگ‌سازان ملت به صف خارج شدند، بعضی قول دادند تا بهتر عمل کنند و بعضی با شرم سر تکان دادند.

البته هرگز این اتفاق نیفتاده بود. ژدانف تا گوششان سرخ شود حرف زده بود اما آن‌قدر باهوش بود که نگذارد انگشتان فربه‌اش به آن شکل به کلیدهای پیانو بی‌احترامی کند. حتی اگر اتفاق هم افتاده بود، داستان با هر بار تکرار شدن اعتباری می‌یافت که دست آخر بعضی از به اصطلاح حاضران تأیید کرده بودند که بله، داستان دقیقاً به همین شکل اتفاق افتاده است. بخشی از درون دمیتری هم آرزو می‌کرد ای‌کاش این گفت‌وگو با دولت، که در آن دولت، متکبرانه، سلاح حریفانش را انتخاب کرد واقعاً اتفاق افتاده بود. بااین‌همه، این داستان آرام‌آرام به کتاب شعر اسطوره‌های باورپذیر پیوست و در آن زمان سینه‌به‌سینه چرخید. مهم این نبود که داستان خاصی واقعیت داشته باشد بلکه این‌که بر چه چیزی دلالت داشت مهم بود. بااین‌حال این داستان هر چه بیشتر می‌چرخید درست‌تر جلوه می‌کرد.

دمیتری و پروکوفیف به یکدیگر حمله کرده، یکدیگر را تحقیر و آثار هم را ممنوع و بعد مجاز کرده بودند. بااین‌حال به عقیده‌ی دمیتری، سرگئی سرگیویچ هیچ‌وقت به‌واقع نفهمید که چه اتفاقی دارد می‌افتد. او چه در موسیقی و چه در زندگی‌اش آدم بزدلی نبود، اما همه چیز را می‌دید، حتی به حمله‌های دیوانه‌وار و مهلک ژدانف به روشن‌فکران را به‌عنوان مشکلی شخصی نگاه می‌کرد که باید برایش راه‌حلی یافت. یک طرف، حرف موسیقی‌اش بود و استعداد خاص خودش، طرف دیگر، دولت بود و تشریفات اداری و فرضیه‌ی موسیقی‌شناختی سیاسی. پرسش این بود که چه تسهیلاتی لازم است تا او خودش باشد و موسیقی خودش را بسازد. یا جور دیگر بگوییم: پروکوفیف اصلاً نتوانست عمق تراژدی‌ای را که داشت اتفاق می‌افتاد، درک کند.

نکته خوب دیگر سفر به نیویورک این بود که او صاحب کت و شلواری رسمی شد که خیلی هم به او می‌آمد.

وقتی هواپیما به مقصد ریکیاویک بلند شد، دمیتری نمی‌دانست آیا می‌تواند برای میهماندار توضیح بدهد که اسپری آمفتامین می‌خواهد یا نه. دیگر چندان هم مهم نبود.

با خود فکر کرد، حالا ممکن است ناباکف که به‌طور نامشخصی با او در گرفتاریش همدردی می‌کرد، سعی کند به دیگر نمایندگان ماهیت واقعی این فریب‌کاری را توضیح بدهد، اما اگر این اتفاق می‌افتاد، او یا دست‌نشانده‌ای حقوق‌بگیر بود یا کودنی اهل سیاست. او برای آشکار کردن فقدان آزادی فردی تحت لوای قوانین استالین، بدش نمی‌آمد زندگی کسی را فدا کند. زیرا مشغول همین کار هم بود: اگر نمی‌خواهی از پنجره بیرون بپری، پس چرا به حلقه‌داری که برایت بسته‌ام سرک می‌کشی؟ چرا حقیقت را نمی‌گویی تا بمیری؟

بر یکی از تیرک‌های بیرون هتل والدورف آستوریا پلاکاردی نصب کرده بودند که رویش نوشته بود، شوستاکوویچ، ما درکت می‌کنیم! چقدر کم درک می‌کردند، حتی کسانی مثل ناباکف که مدت کوتاهی تحت حکومت شوروی زندگی کرده بودند هم، چندان نمی‌فهمیدند. آن‌ها با نخوت به آپارتمان‌های راحت آمریکایی‌یی‌شان برمی‌گشتند و خوشحال بودند که برای هنر و آزادی و صلح جهانی کار مؤثری انجام داده‌اند. این بشردوستان غربیِ شجاع، نه دانشی داشتند نه قوه‌ی تخیلی. آن‌ها به شکل گروه‌های کوچک مشتاق با رسید هتل‌ها و ناهارها و غذاخوری‌ها به روسیه می‌آمدند. هرکدام از آن‌ها را دولت شوروی باید تأیید می‌کرد و همه مشتاق دیدن «روسیه‌ی واقعی» بودند و این‌که دریابند «مردم واقعاً چه حسی دارند» و «به چه چیزی معتقدند.» و البته تنها چیزی که

نمی‌فهمیدند همین بود زیرا لازم نبود بدبین باشی تا بدانی که هر گروه رهبری خواهد داشت و آن رهبر طبق وظیفه گزارش خواهد داد. چنین گروه‌هایی ملاقاتی با آخماتوا و زوشنکو داشتند. این هم یکی دیگر از حقه‌های استالین بود. شنیده‌اید که برخی از هنرمندان ما مورد آزار قرار گرفته‌اند؟ اصلاً این‌طور نیست. این‌ها همه تبلیغات دولت شماست. می‌خواستید آخماتوا و زوشنکو را ببینید؟ بفرمایید، ببینید. هر چه می‌خواهید از آن‌ها بپرسید.

و این گروه‌های بشردوستانه‌ی غربی با حیرت با چشمانی گرد استالین را تأیید می‌کردند و سؤال هوشمندانه‌تری به ذهنشان نمی‌رسید مگر این‌که از آخماتوا بپرسند درمورد اظهارات رئیس ژدانف و قطعنامه‌ی کمیته‌ی مرکزی در محکوم کردن او چه فکر می‌کند. ژدانف گفته بود که آخماتوا، هشیاری جوانان شوروی را با ماهیت فاسد و گندیده شعرش مسموم می‌کند. آخماتوا می‌ایستاد و پاسخ می‌داد که به نظر او سخنان رئیس ژدانف و قطعنامه‌ی کمیته‌ی مرکزی کاملاً درست است. بعد همه‌ی آن ملاقات‌کنندگان کنجکاو با مچاله کردن رسیدهای غذا در دستشان به هم می‌گفتند که دیدگاه غرب از روسیه شوروی تماماً خواب‌وخیالی دروغین است و این‌که هنرمندان نه‌تنها مورد تهدید نیستند بلکه اجازه دارند در تبادلات حساس ساختاری با بالاترین رده‌های دولت کار کنند. همه‌ی این‌ها ثابت می‌کرد که چقدر هنر در روسیه، بیشتر از مملکت فاسد خودشان ارزش دارد.

اما دمیتری بیشتر از بشردوستان غربی مشهوری برآشفت که به روسیه می‌آمدند و به ساکنان آن می‌گفتند آن‌ها در بهشت زندگی می‌کنند. مالراکس[87]، که کانال دریای سفید را می‌ستود حتی نامی از سازندگان آن نیاورده بود که تا پای جان کار کرده بودند. فویت‌وانر[88]، که چاپلوسی استالین را می‌کرد، «می‌فهمید» چطور محاکمه‌های نمایشی بخشی ضروری در توسعه‌ی دموکراسی هستند. روبسن[89] خواننده، با صدای بلند برای کشتار سیاسی کف می‌زد. از رومن رولان و برنارد شاو از همه بیشتر بدش می‌آمد زیرا با پررویی موسیقی او را تحسین می‌کردند اما نادیده می‌گرفتند که چطور دولت، او و دیگر هنرمندان را تهدید می‌کند. دمیتری از ملاقات با رولان سرباز زده و وانمود کرده بود بیمار است، اما شاو بدتر بود. با بلاغت کلام پرسیده بود، گرسنگی در روسیه؟ چرند است. به من مثل هر کسی دیگری در دنیا غذا می‌دادند. او بود که گفت: «نمی‌توانید مرا با کلمه‌ی دیکتاتور بترسانید.» به‌این‌ترتیب، ابله ساده‌لوح با استالین همنشین شد و هیچ‌چیز ندید. البته برای چه باید از دیکتاتور

ترسید؟ آن‌ها که از زمان کرامول در انگلستان، دیکتاتور نداشتند. دمیتری را مجبور کردند پارتیتور سمفونی هفتمش را برای شاو بفرستد. باید در قسمت عنوان صفحه، زیر اسم خودش، نام تعداد رعیتی را می‌نوشت که وقتی جناب نمایشنامه‌نویس شکمش را در مسکو پر می‌کرد آن‌ها از گرسنگی مرده بودند.

سپس نوبت آن‌هایی بود که کمی بهتر درک می‌کردند، از او حمایت می‌کردند ولی در عین‌حال امیدی به او نداشتند. آن‌ها یک واقعیت ساده را درمورد اتحاد شوروی نمی‌فهمیدند: این‌که امکان نداشت آنجا حرف راست بزنی و زنده بمانی. آن‌ها خیال می‌کردند می‌دانند دولت چطور عمل می‌کند و از تو می‌خواستند با آن بجنگی همان‌طور که اگر آن‌ها جای تو بودند این کار را می‌کردند. به‌عبارتی دیگر آن‌ها خون تو را می‌خواستند. آن‌ها شهیدانی می‌خواستند که شرارت رژیم را ثابت کنند، اما این تو بودی که قرار بود شهید شوی، نه آن‌ها. چند شهید لازم بود تا ثابت شود رژیم واقعاً شیطانی، خبیث و مثل حیوانات وحشی، گوشت‌خوار است؟ زیاد، خیلی زیاد. آن‌ها می‌خواستند هنرمند، گلادیاتور باشد، پیش چشم همه با هیولاهای وحشی بجنگد و خونش روی زمین خشک شود. این چیزی بود که آن‌ها نیاز داشتند: به قول پاسترناک، «کاملاً، مرگ مطلق.» خب او سعی می‌کرد چنین آرمان‌گراهایی را تاحدِامکان ناامید کند.

آنچه که این دوستان مستقل نمی‌فهمیدند این بود که چقدر شبیه خودِ دولت هستند: هرچه بیشتر بهشان بدهید، بیشتر می‌خواهند.

همیشه همه بیشتر از آنچه او قادر به دادنش بود از او طلب می‌کردند.

بااین‌حال همه‌ی آنچه می‌خواست به آن‌ها بدهد، موسیقی بود.

کاش همه چیز به این سادگی بود.

دمیتری در گفت‌وگوی خیالی که گاهی با این حامیان ناامیدش داشت ابتدا یک واقعیت اساسی کوچک را برایشان توضیح می‌داد که تقریباً بی‌تردید از آن بی‌خبر بودند: این‌که در اتحاد جماهیر شوروی امکان نداشت کاغذ خطدار بخری مگر آن‌که عضو اتحادیه‌ی آهنگ‌سازان باشی. آیا آن‌ها این را می‌دانستند؟ البته که نه. آن‌ها حتماً جواب می‌دادند، اما دمیتری دمیتریویچ اگر موضوع این است بی‌تردید می‌توانید کاغذ خالی بخرید و با خطکش و مداد خودتان خطکشی کنید. بی‌تردید شما به این آسانی دست از هنرتان نمی‌کشید.

او احتمالاً پاسخ می‌داد، بسیار خب، پس بیایید از جای دیگر شروع کنیم. اگر مثل قبل، شما را دشمن وطن بنامند، بر همه آن‌هایی که اطراف شمایند انگ و ننگ می‌زنند، یعنی خانواده و دوستانتان، یا حتی رهبر ارکستری که

یکی از آثار شما را می‌نوازد یا نواخته است یا پیشنهاد نواختن می‌دهد، یا اعضای چهارگانه‌ی زهی، سالن کنسرتی که با وجود کوچکی کار شما را به اجرا می‌گذارد و همه‌ی تماشاچیان. رهبران ارکستر و تک‌نوازان چندوقت به چندوقت در طول دوره‌ی حرفه‌ای‌شان، ناگهان در آخرین دقیقه غیرقابل دسترس شده‌اند؟ گاهی از ترس طبیعی یا احتیاط قابل‌درک، گاهی بعد از اخطار دولت. هرکسی از استالین گرفته تا خرنیکف، در صورتی‌که می‌خواست، می‌توانست کار او را که در سراسر کشور اجرا می‌شود، متوقف کند. آن‌ها پیش از آن سابقه‌ی حرفه‌ای او را به‌عنوان آهنگ‌ساز اپرا از بین برده بودند. در سال‌های جوانی‌اش، خیلی‌ها، از جمله خودِ او، فکر می‌کردند که این‌جا، جایی است که بهترین کارهای او اجرا خواهد شد، اما از زمانی که برای اپرای «لیدی مکبث اهل متسنسک» را از بین بردند دمیتری دیگر اپرایی نساخت و آن‌هایی را که شروع کرده بود به پایان نبرد.

اما به‌طور حتم، دمیتری دمیتریویچ، شما می‌توانستید در خلوت آپارتمان خود آهنگ بسازید. می‌توانستید آهنگتان را پخش کنید. می‌شد آن را میان دوستان نواخت. می‌شد مثل دست‌نوشته‌های شاعران و رمان‌نویسان آن را مخفیانه به غرب فرستاد. بله، خیلی ممنون فکرتان عالی است: آهنگ جدید او، ممنوع در روسیه، مجاز در غرب. آیا آن‌ها می‌توانستند تصور کنند این کار چه چیزی از او می‌خواست؟ مدرک کاملی به دست می‌داد که دمیتری در صدد بازگرداندن سرمایه‌داری به اتحاد جماهیر شوروی است، اما باز هم می‌توانستید آهنگ بسازید. بله، همچنان می‌توانست آهنگ‌های اجرا نشده و غیرقابل اجرا بسازد، اما هدف از موسیقی شنیده شدن آن در زمانی است که ساخته می‌شود. موسیقی مانند تخم‌مرغ چینی نیست که سال‌ها آن را زیر خاک نگه داری و سالم بماند.

اما دمیتری دمیتریویچ، شما دارید بدبین می‌شوید. موسیقی جاودانی است، همیشه خواهد ماند و همیشه مورد نیاز خواهد بود، موسیقی می‌تواند هر چیزی را بیان کند، موسیقی... و غیره. دمیتری دیگر به حرف‌های آنان که ماهیت هنرش را برای خود او تفسیر می‌کردند گوش نمی‌داد. برای آرمان‌گرایی آن‌ها کف زد. بله، موسیقی ممکن است جاودانه باشد، اما افسوس که آهنگ‌سازان، جاودانه نیستند. به آسانی می‌شود آن‌ها را خاموش کرد و حتی آسان‌تر از آن می‌شود کشتنشان. درمورد محکوم شدن به بدبینی هم باید گفت اولین‌باری نیست که این را می‌گویند. آن‌ها اعتراض می‌کنند: نه، نه، شما نمی‌فهمید، ما فقط

می‌خواهیم کمک کنیم. پس بار دیگر که از سرزمین امن و ثروتمندشان می‌آیند، برایش دسته‌دسته کاغذهای خط‌کشی شده‌ی آماده خواهند آورد.

در جنگ، در آن قطارهای تیفوس گرفته میان کوبیشف و مسکو، دمیتری دور گردن و مچ دست‌هایش طلسم سیر انداخته بود؛ آن‌ها کمکش می‌کردند زنده بماند، اما حالا باید آن‌ها را دائم آویزان می‌کرد، نه برای تیفوس بلکه علیه دولت، علیه دشمنان، علیه ریاکاران و حتی علیه دوستانی که نیتشان خیر بود.

دمیتری آن‌هایی را که جلو دولت می‌ایستادند و حرف راست می‌زدند، تحسین می‌کرد. او شجاعت و صداقت اخلاقی آن‌ها را می‌ستود. گاهی هم به ایشان حسادت می‌کرد، اما موضوع پیچیده بود، زیرا بخشی از آنچه او به آن حسادت می‌کرد، مرگشان بود، این‌که از عذاب زندگی راحت شده‌اند. همان‌طور که در طبقه پنجم ساختمان خیابان بولشایا پوشکارسکایا منتظر باز شدن در آسانسور بود، وحشت، با اشتیاق هیجان‌انگیز برای رفتن آمیخته بود. خودش هم بیهودگی شجاعت گذرایش را احساس می‌کرد.

اما این قهرمانان این شهیدان، تنها نمی‌مردند، مرگشان رضایتی دوچندان بود برای استبداد که فرمانش را صادر کرده بود و برای ملت که دلشان می‌خواست همدردی کنند اما به‌جای آن احساس برتری می‌کردند. بسیاری از اطرافیانشان هم درنتیجه‌ی دلاوری آن‌ها از بین می‌رفتند. به‌این‌ترتیب، با همه‌ی وضوحش، موضوع به این سادگی‌ها نبود.

البته منطق سرسختانه خلاف جهت هم پیش می‌رفت. اگر خودت را نجات دادی پس احتمالاً اطرافیانت، آن‌ها را هم که دوستشان داری نجات می‌دهی. از آنجایی که تو هر کاری در دنیا می‌کنی که آن‌هایی را که دوستشان داری نجات دهی، پس هر کاری هم می‌کنی که خودت را نجات دهی و چون حق انتخاب نداری، پس رد کردن فساد اخلاقی هم امکان ندارد.

خیانتی اتفاق افتاده بود. دمیتری به استراوینسکی و درنتیجه به موسیقی خیانت کرده بود. بعدها به مراوینسکی گفت که این بدترین لحظه‌ی زندگی‌اش بوده است.

وقتی به ایسلند رسیدند، هواپیما خراب شد و آن‌ها دو روز صبر کردند تا جابه‌جا شوند. سپس آب و هوای بد مانع پروازشان به فرانکفورت شد، برای همین به‌جای آن به استکهلم رفتند. موسیقی‌دانان سوئدی از فرود برنامه‌ریزی نشده‌ی همکار مشهورشان خرسند شدند. البته وقتی از او نام آهنگ‌سازان سوئدی مورد علاقه‌اش را پرسیدند او احساس پسرکی را داشت که شلوار کوتاه به پا کرده بود و یا آن دخترکی که نمی‌دانست هنر به چه کسی تعلق دارد. می‌خواست بگوید

اسوندسن که یادش آمد نوروژی است. سوئدی‌ها آن‌قدر متمدن بودند که به دل نگرفتند و صبح روز بعد بسته‌ی بزرگی از صفحات آهنگ‌سازان سوئدی به اتاقش فرستادند.

چیزی از بازگشتش به مسکو نگذشته بود که مقاله‌ای منسوب به او در مجله نیوورلد چاپ شد. همان بود که دمیتری فکرش را می‌کرد؛ در آن در‌مورد موفقیت بزرگ کنگره نوشته بود و تصمیم عجولانه وزارت خارجه برای کوتاه کردن اقامت هیئت روسی. خودش نوشته بود: «در راه بازگشت به خانه، خیلی در‌موردش فکر کردم. بله، حاکمان واشنگتن از ادبیات، از موسیقی و از سخنان ما در‌مورد صلح می‌ترسند؛ می‌ترسند چون حقیقت به هر شکلش که باشد، آن‌ها را از سازماندهی کردن انحرافات، علیه صلح باز می‌دارد.»

«زندگی قدم زدن در مزرعه نیست.» این آخرین بیت شعر پاسترناک در‌مورد هملت بود. بیت قبلی می‌گفت: «تنهایم، همه‌ی اطرافم در فریب‌کاری غرق شده‌اند.»

سه

در اتومبیل

فقط این را می‌دانست که بدترین زمان ممکن است.

بدترین زمان همان خطرناک‌ترین زمان نبود.

زیرا خطرناک‌ترین زمان، زمانی نبود که بیشتر در خطری.

دمیتری پیش‌تر آن را درک نکرده بود.

با راننده در اتومبیلش نشست، مناظر به‌سرعت از جلوی چشمش می‌گذشتند.

از خود پرسشی کرد که این‌طور شکل گرفت:

لنین موسیقی را اندوه‌بار می‌خواند.

استالین فکر می‌کرد موسیقی را می‌فهمد و ارج می‌نهد.

خروشچف[90] از موسیقی متنفر بود.

کدام‌یک برای آهنگ‌ساز بدترین بودند؟

برای بعضی پرسش‌ها پاسخی وجود ندارد، یا سرانجام پرسش‌ها با مردنمان از بین می‌روند. به قول خروشچف، مرگ، درمان درد گوژپشت است. فقط او نبود که این‌طور فکر می‌کرد اما شاید از نظر معنوی و اخلاقی تنها شخص بود. گوژپشتی که می‌پرسید؛ شاید مرگ، پرسش‌ها را هم مثل پرسش‌گر درمان می‌کرد. وقتی دوباره به موضوع نگاه می‌کنی، تراژدی شبیه کمدی می‌شود.

وقتی لنین به ایستگاه فنلاند رسید، دمیتری دمیتریویچ و گروهی از هم‌بازی‌های فوتبال به‌طرفش دویدند تا به قهرمان بازگشته خوشامد بگویند. این داستان را بارها تعریف کرده بود، اما از آن‌جا که او بچه‌ای ضعیف بود و نیاز به حامی داشت، احتمالاً اجازه نداده بودند که آن‌طور بیرون بدود. بیشتر احتمال داشت که عموی بولشویک پیرش، ماکسیم لاورنتیویچ کاستریکین، او را تا ایستگاه همراهی کرده باشد. این نوعش را هم بارها تعریف کرده بود. هر دو نوعش انقلابی‌گری‌اش را تأیید می‌کرد. میتیای ده ساله در ایستگاه فنلاند، تحت تأثیر پیشوای بزرگ! این تصویر در جوانی مانع حرفه‌اش نشده بود، اما سومین امکان هم وجود داشت: که او اصلاً لنین را ندیده و نزدیک ایستگاه هم نشده باشد. ممکن است فقط یکی از داستان‌های هم مدرسه‌ای‌هایش را برای خود ضبط کرده باشد. این روزها دیگر نمی‌دانست کدام داستان را باید باور کند. آیا او واقعاً در ایستگاه فنلاند بوده است؟ خب، به‌قول معروف او مثل آب خوردن دروغ می‌گفت.

دمیتری سیگار ممنوعه‌ی دیگری روشن کرد و به گوش راننده خیره شد. دست‌کم این یکی جامد و واقعی بود: راننده گوش داشت. بدون تردید یکی هم آن طرفش داشت، هرچند که او نمی‌توانست آن را ببیند. پس گوشی بود که فقط در حافظه‌ی او وجود داشت یا دقیق‌تر بگوییم در تصوراتش، تا این‌که بتواند آن را

ببیند. عمداً خم شد تا لاله و نرمه‌ی آن یکی گوش را ببیند. یک پرسش دیگر هم در آن لحظه حل شد.

وقتی کوچک بود، قهرمانش، نانسن در قطب شمال بود. وقتی بزرگ شد احساس ذره‌ای برف زیر چوب‌های اسکی وحشت‌زده‌اش می‌کرد و بزرگ‌ترین عمل اکتشافی‌اش، جست‌وجو برای خیار در دهکده‌ی بغلی به خواست نیتا بود. حالا که دیگر پیر شده بود راننده، او را دور مسکو می‌گرداند، معمولاً با آیرینا[91] و گاهی بار راننده‌ای رسمی. حالا شده بود نانسن در حومه.

همیشه روی میز کنارش کارت‌پستالی از نقاشی نقدینه خراج اثر تیسین[92] بود.

چخوف می‌گفت، همه چیز را باید نوشت مگر بدگویی.

بیچاره آناتولی باشاشکین[93] که به نوکری تیتو محکومش کرده بودند.

آخماتوا می‌گفت، دولت زیر نظر خروشچف[94] گیاه‌خوار شده است. شاید این‌طور باشد، ولی اگر بود، می‌شد کسی را مثل روش‌های سنتی دوران گوشت‌خواران قدیم با فروکردن سبزی در گلویش به‌راحتی کشت.

دمیتری از نیویورک برگشته و «آهنگ جنگل‌ها» را برای شعر طویل و پوچ دالماتفسکی[95] ساخته بود. موضوع آن بازآفرینی استپ‌ها بود و این‌که استالین، پیشوا و معلم، دوست کودکان، زمامدار بزرگ، پدربزرگ ملت و مهندس بزرگ راه‌آهن و حالا باغبان بزرگ چطور است. «بیایید سرزمین‌مان را لباس جنگل بپوشانیم!» فرمانی که دالماتفسکی ده‌ها بار تکرارش کرده بود. در آن تأکید می‌شد که حتی درختان سیب، به فرمان استالین شجاعانه‌تر می‌رویند تا جنگل‌ها را عقب برانند، همان‌طور که ارتش سرخ نازی‌ها را عقب رانده بود. ابتذال جنجالی اثر، باعث موفقیت سریع آن شد و دمیتری چهارمین جایزه‌اش را از استالین دریافت کرد: صدهزار روبل و یک کلبه‌ی تابستانی. او به سزار هدیه داده بود و سزار هم در پاسخ کم‌لطفی نکرده بود. روی‌هم‌رفته شش بار از استالین جایزه گرفته بود. همچنین هر ده سال یک بار در سال‌های 1946، 1956 و 1966 نشان لنین دریافت کرده بود. او مثل میگوی شناور در سس، در افتخار‌ات‌ش غرق بود و دلش می‌خواست تا سال 1976 مرده باشد.

شاید شجاعت، شبیه زیبایی بود. زنی زیبا که پیر می‌شود، فقط چیزهایی را می‌بیند که از دست‌رفته و دیگران آنچه را می‌بینند که باقی مانده است. بعضی، شکیبایی‌اش را تبریک می‌گفتند و مقاومتش را در برابر تسلیم شدن و آن جوهر

نابی را که زیر پوسته‌ای بر آشفته قرار داشت، اما خودش فقط آن چیزی را می‌دید که از دست رفته بود.

استالین هم مدت‌ها پیش رفته بود. باغبان بزرگ رفته بود تا علف‌های مزارع بهشت را هرس و روحیه‌ی درختان سیب آن‌جا را تقویت کند.

گل‌های رز تمام قبر نیتا را پوشانده بود، هر بار که به ملاقتش می‌رفت آن‌ها را می‌دید؛ گل‌هایی که خودش نفرستاده بود.

گلیکمن داستانی درمورد لوئی چهاردهم برایش تعریف کرده بود. پادشاه خورشید، حاکمی بود به خودکامگی استالین. بااین‌حال همیشه مشتاق بود مقرری درخور شأن هنرمندان به آن‌ها بپردازد تا از جادوی اسرارانگیزشان قدردانی کرده باشد. یکی از آن‌ها، نیکولا بوالوی[96] شاعر بود. لوئی چهاردهم، در حضور همه‌ی درباریان در کاخ ورسای، طوری که گویی حقیقتی معمولی را اعلام می‌کند، گفت: «موسیو بوالو، نسبت به من درک بهتری از شعر دارد.» شکی نیست که حاضرانی که در خفا و آشکار، به شاه بزرگ اطمینان داده بودند که درکش از شعر، موسیقی، نقاشی و معماری در سراسر دنیا و در همه‌ی قرون نظیر ندارد، خنده‌ای چاپلوسانه از روی ناباوری سردادند. شاید در وحله‌ی اول، تواضعی سیاست‌مدارانه و تدبیرگرانه در این تعریف وجود داشت اما باز هم اتفاق افتاده بود.

بااین‌حال، استالین مزایای بسیاری نسبت به این شاه پیر داشت؛ درک عمیقش از فرضیه‌ی مارکسیست. لنینیست، درک ذاتی‌اش از مردم، عشقش به موسیقی محلی، توانایی‌اش در کشف توطئه‌های صورت‌گرایان و... آه کافی است دیگر، کافی. داشت سر خودش را درد می‌آورد.

اما حتی باغبان بزرگ هم تحت لوای عنوان موسیقی‌شناس بزرگ نتوانسته بود مکان بتهوون سرخ را کشف کند. دیوینکو ناامید شده بود و حتی در میانه‌ی دهه‌ی سی عمرش از دنیا رفت و به‌این‌ترتیب سروکله‌ی بتهوون سرخ هیچ‌وقت پیدا نشد.

دمیتری دوست داشت داستان تینیاکف[97] را تعریف کند، مردی خوش‌تیپ و شاعری شایسته. او در پترزبورگ زندگی می‌کرد و درباره‌ی عشق و گل‌ها و دیگر موضوع‌های والا می‌نوشت. سپس انقلاب از راه رسید و او تینیاکف، شاعر لنینگراد شد که دیگر نوشته‌هایش درباره‌ی عشق و گل‌ها نبود بلکه می‌نوشت که چقدر گرسنه است. پس از مدتی اوضاع آن‌قدر بد شد که او گوشه‌ی خیابان می‌ایستاد و پلاکاردی به گردن می‌آویخت که رویش نوشته بود، شاعر. از آن‌جایی که روس‌ها برای شاعر انشان ارزش قائل بودند، رهگذران به او پول

می‌دادند. تینیاکف دوست داشت ادعا کند که با گدایی پول بیشتری از شاعری نصیبش شده و توانسته است هر شب سر از رستورانی خیال‌انگیز درآورد.

جزئیات آخرش درست بود؟ دمیتری تعجب می‌کرد، اما شاعران اجازه داشتند مبالغه کنند. در مورد خودش می‌دانست که پلاکارد نیاز نداشت. سه نشان لنین و شش جایزه‌ی استالین دور گردنش بود و در رستوران اتحادیه‌ی آهنگ‌سازان غذا می‌خورد.

یک مرد سیه‌چرده و حیله‌گر با گوشواره‌ی آویزی از یاقوت، سکه‌ای را میان انگشت اشاره و شست محکم می‌گیرد. آن را به مرد دوم که پوستش روشن‌تر است نشان می‌دهد. او سکه را لمس نمی‌کند اما مستقیم به چشمان مرد اول چشم می‌دوزد.

جالب بود زمانی که دولت به این نتیجه رسید که دمیتری دمیتریویچ شوستاکوویچ شایسته‌ی پاداش است، روش جدیدی برای دستیابی به او در پیش گرفت. حزب به‌جای آن‌که برای تأیید یا رد قطعه‌ای از موسیقی، که متخصصین موسیقی‌شناس سیاسی تأییدش کرده بودند، منتظر نتیجه‌ی نهایی شود با هوشیاری خود تصمیم گرفت کار را از همان ابتدا آغاز کند، یعنی از نظر ایدئولوژیکی روی وضعیت روح او کار کند. اتحادیه‌ی آهنگ‌سازان با گشاده‌دستی و متفکرانه برای او رفیق تروشین، جامعه‌شناسی سال‌خورده و موقر را به‌عنوان معلم در نظر گرفت تا در فهمیدن اصول مارکسیسم ـ لنینیسم و بازسازی خود کمکش کند. برایش فهرستی از مطالب خواندنی فرستادند شامل همه‌ی آثار رفیق استالین مثل «مارکسیسم و مسائل زبانشناسی» و «مشکلات اقتصادی سوسیالیسم در اتحاد جماهیر شوروی». به‌این‌ترتیب تروشین به آپارتمان او آمد و کارش را تشریح کرد. همان‌گونه که در سال‌های اخیر اخبارش همه‌جا پخش شده بود، متأسفانه حتی آهنگ‌سازان برجسته هم ممکن بود دچار لغزش شوند و این دلیل بودن تروشین در خانه‌ی دمیتری بود. برای جلوگیری از چنین لغزش‌هایی، باید سطح فهم سیاسی، اقتصادی و ایدئولوژیکی دمیتری دمیتریویچ بالاتر می‌رفت. آهنگ‌ساز به توضیح هدف میهمان ناخوانده‌اش با جدیتی لازم گوش داد و پوزش خواست که به‌خاطر کار بر سمفونی جدیدی که به لنین هدیه‌اش کرده نتوانسته است تمام کتاب‌هایی را که با مهر دریافت کرده بود بخواند.

رفیق تروشین به اطراف اتاق آهنگ‌ساز نگاه کرد. او نه مرد دغل‌بازی بود و نه ترسناک؛ فقط از آن دسته کارمندهای کوشا و بی‌قیدوشرطی بود که هر رژیمی پس می‌اندازد.

«این‌جا کار می‌کنید؟»

«بله.»

معلم ایستاد، یکی دو قدم در اطراف زد و از چینش کلی اتاق تعریف کرد. سپس با لبخندی پوزش‌گرانه گفت: «اما یک چیز در اتاق آهنگ‌ساز برجسته شوروی کم است.»

آهنگ‌ساز برجسته‌ی شوروی هم ایستاد، به دیوارها و کتابخانه‌ها که به چشمش کاملاً آشنا بود نگاه کرد و او هم پوزش‌طلبانه سر تکان داد، گویی شرمنده است که اولین پرسش معلم را بی‌پاسخ گذاشته است.

«روی دیوار اتاقتان تصویری از رفیق استالین وجود ندارد.»

سکوت دل‌سردکننده‌ای حاکم شد. آهنگ‌ساز سیگاری روشن کرد و در اتاق قدم زد، گویی دنبال علت وحشتناک این اشتباه می‌گشت یا شاید تصویر لازم را زیر کوسنی یا فرشی گذاشته بود. سرانجام به تروشین اطمینان داد که اولین قدم‌ها را برای یافتن بهترین تصویر قابل‌دسترس از پیشوای بزرگ بردارد.

«خب، خوب شد. حالا بنشینیم سر کارمان.»

هرازگاهی از دمیتری می‌خواستند شرح مختصری از خِرد پر لاف‌وگزاف استالین آماده کند. خوشبختانه گلیکمن پیشنهاد می‌کرد این کار را به‌جایش انجام دهد و بینش میهن‌پرستانه‌ی آهنگ‌ساز در مورد آثار باغبان بزرگ به‌طور مرتب از لنینگراد برای او ارسال می‌شد. پس از مدتی متون مهم دیگری هم به متون آموزشی اضافه شد، برای مثال «ویژگی‌های خلاقیت در هنر» نوشته جی. ام. مالنکف[98] که چاپ دوباره‌ی سخنرانی‌اش در نوزدهمین کنگره‌ی حزب بود.

حضور مشتاق و دائمی تروشین را در زندگی‌اش با گریزی مؤدبانه و تمسخری پنهانی تحمل می‌کرد. آن‌ها نقش معلم و شاگرد را با چهره‌هایی صادقانه بازی می‌کردند. بی‌شک، تروشین چهره‌ی دیگری برای نشان دادن نداشت. به‌وضوح همه چیز را در راستای هدف وارسته‌ی کارش می‌پذیرفت و آهنگ‌ساز با او مؤدبانه برخورد می‌کرد و در نظر داشت که این ملاقات‌های ناخواسته به‌نوعی حمایت محسوب می‌شود. در عین‌حال هر دوی آن‌ها آگاه بودند که تظاهر ناشیانه‌شان ممکن است پیامدی جدی داشته باشد.

در آن زمان دو عبارت، یکی سؤالی و دیگری خبری، وجود داشت که می‌توانست عرق انسان را درآورد و کاری کند که مردان نیرومند هم خود را کثیف کنند. سؤال این بود: «استالین می‌داند؟» عبارت خبری از این هم هشداردهنده‌تر بود: «استالین می‌داند.» از آن‌جایی که استالین را با نیروهای ماوراءالطبیعه همساز می‌دانستند و او هرگز اشتباه نمی‌کرد و هرجایی فرمان

هر چیزی را صادر می‌کرد، موجودات دنیوی تحت قدرت او احساس می‌کردند یا تصورشان این بود که چشمان او پیوسته به آن‌ها دوخته شده است. پس اگر رفیق تروشین موفق نمی‌شد آموزه‌های کارلو ـ مارلو و جانشینانشان را به شیوه‌ای رضایتمندانه درس دهد آن‌وقت چه می‌شد؟ اگر شاگرد به ظاهر صادق و در درون دمدمی‌اش موفق به یادگیری نمی‌شد چه اتفاقی می‌افتاد؟ چه بر سر تروشین‌های این دنیا می‌آمد؟ هر دوی آن‌ها جواب را می‌دانستند. اگر معلم پیشنهاد حمایت به شاگردش می‌داد، شاگرد هم در برابر معلمش مسئولیت معینی داشت.

اما عبارت سومی هم بود که زیر لب درمورد او می‌گفتند، همان‌طور که درمورد دیگران مثل پاسترناک زمزمه‌اش می‌کردند: «استالین می‌گوید کسی نباید به او دست بزند.» گاهی اوقات این عبارت واقعیت داشت؛ گاهی هم فرضیه‌ی تند یا حدسی حسودانه بود. چرا باید دست‌آموز توخاچفسکیِ خائن هنوز زنده باشد؟ چرا او باوجود این عبارت جان سالم به‌در برده است: «این بازی نبوغ ماهرانه، ممکن است فرجام خیلی بدی داشته باشد؟» چرا باوجوداین‌که روزنامه‌ها او را دشمن ملت خطاب کردند باز هم سالم مانده است؟ چرا زاکرفسکی در فاصله‌ی میان شنبه و دوشنبه ناپدید شد؟ چرا وقتی بسیاری در اطراف او دستگیر، تبعید، کشته یا به سرنوشتی دچار شدند که شاید فقط ده‌ها سال بعد رازش بر ملا شود، او را از همه‌ی آن‌ها جدا کردند؟ یک جواب مناسب همه‌ی این سؤال‌هاست: «استالین می‌گوید کسی نباید به او دست بزند.»

اگر چنین بود و او راهی برای مطمئن شدن نداشت، مگر از آن‌هایی که عبارت را تکرار می‌کردند، پس ابله بود اگر تصور می‌کرد که این موضوع برای همیشه او را حفظ می‌کند. مورد توجه استالین بودن، خیلی خطرناک‌تر از این بود که وجودی گمنام و نامعلوم باشی. آن‌ها که مورد عنایت بودند به‌ندرت تحت عنایت باقی می‌ماندند. فقط زمان سقوطشان معلوم نبود. چند چرخ‌دنده‌ی مهم در ماشین زندگی روسی یافت می‌شود که پس از تغییر نامحسوس نور جلو کار چرخ‌دنده‌های دیگر را از همان اول بگیرد؟

اتومبیل، سر چهارراهی آهسته کرد و وقتی راننده ترمزدستی را کشید، دمیتری صدای تلق‌تلوق چرخ ضامن‌داری را شنید. یاد وقتی افتاد که اولین پوبیدویشان را خریدند. آن موقع، قوانین طوری بود که خریدار باید موقع تحویل اتومبیل حضور داشته باشد. هنوز گواهی‌نامه‌ی قبل از جنگش را داشت، ازاین‌رو تنها به گاراژ رفت و اتومبیل را تحویل گرفت. وقتی به‌طرف خانه می‌راند چندان از کار پوبیدو خوشش نیامد و با خودش فکر کرد نکند معیوبش

را به او فروخته‌اند. اتومبیل را پارک کرد و داشت با قفلش ور می‌رفت که رهگذری صدا کرد: «هی! تو، عینکی! اتومبیلت چه شده؟» از چرخ‌ها دود در می‌آمد: تمام راه را از گاراژ با ترمزدستی کشیده حرکت کرده بود. به نظر می‌آمد اتومبیل‌ها او را دوست ندارند. این واقعیت داشت. یادش آمد در مقام استاد ایدئولوژی بولشویک در هنرستان موسیقی از دختر دیگری امتحان گرفته بود. ممتحن اصلی مدتی اتاق را ترک کرد و دمیتری خود را تنها یافت. هنرجو خیلی مضطرب بود، کاغذ سؤال‌هایی را که باید پاسخ می‌داد در دستش می‌چلاند. دمیتری دلش به حال او سوخته بود.

«خب، بیا همه‌ی سؤال‌های رسمی را کنار بگذاریم. به‌جایش من از تو این را می‌پرسم: «تجدیدنظر چیست؟»

این سؤالی بود که حتی دمیتری هم می‌توانست جوابش را بدهد. تجدیدنظر چنان مفهوم ارتدادی و منزجرکننده‌ای بود که خود کلمه هم عملاً داد می‌زد که معنایش چیست.

دختر کمی فکر کرد و بعد بااعتماد گفت: «تجدیدنظر بالاترین مرحله در توسعه‌ی مارکسیسم ـ لنینیسم است.»

این‌جا بود که دمیتری لبخندی زد و بهترین نمره را به او داد.

در زمانه‌ای که همه چیز با شکست مواجه می‌شد، زمانی که به نظر می‌رسید هیچ‌چیز در دنیا مفهومی ندارد، دمیتری به این باور امید داشت که موسیقی خوب همیشه موسیقی خوب می‌ماند و موسیقی عالی آسیب‌ناپذیر است. پیش‌درآمدها و فوگ‌های باخ را می‌توانستی با هر ضرب و پویایی اجرا کنی و باز هم عالی از آب درمی‌آمد، حتی اگر بدبختی آن را با ناشیگری می‌زد. فقط چنین موسیقی‌هایی را نمی‌شد به‌طور طعنه‌آمیز زد.

در سال 1949 وقتی حمله‌ها به او هنوز ادامه داشت، چهارمین چهارگانه‌ی زهی‌اش را نوشت. برودین این را فهمید و آن را برای هیئت‌مدیره‌ی مؤسسات موسیقی وزارت فرهنگ اجرا کرد. این در حالی بود که هر اثر جدیدی قبل از اجرا و پیش از آن‌که دستمزد سازنده‌اش را بدهند باید به تأیید می‌رسید. دمیتری باتوجه به موقعیت مخاطره‌آمیزش، خوش‌بین نبود، اما برخلاف انتظار همه، اجرای اثرش با موفقیت روبه‌رو شد، به قطعه‌اش مجوز دادند و دستمزدش را هم مقرر کردند. کمی بعد داستان چنین شروع شد و دهن‌به‌دهن گشت که برودین فهمیده بود که باید چهارگانه را به دو روش مختلف بزند: مطابق با اصل و دیگری مدبرانه. روش اول آن بود که آهنگ‌ساز می‌خواست؛ اما در روش دوم که برای گرفتن مجوز بود، نوازندگان جنبه‌های خوش‌بینانه‌ی قطعه را محکم‌تر

و مطابق اصول هنر سوسیالیستی زدند. این نمونه‌ی بارزی از استفاده‌ی کنایه به‌عنوان سپری در برابر دولت بود. با این‌که چنین اتفاقی نیفتاده بود اما این داستان آن‌قدر تکرار شد که کسی به‌درستی‌اش شک نمی‌کرد. همه‌اش چرند بود، راست نبود، نمی‌توانست راست باشد، چون در موسیقی نمی‌شود دروغ گفت. برودین می‌توانست چهارگانه‌ی چهارم را فقط به روشی بنوازد که آهنگ‌ساز می‌خواست. موسیقی، موسیقی خوب، موسیقی عالی دارای خلوصی آسیب‌ناپذیر بود. ممکن بود موسیقی تلخ، ناامیدکننده و بدبینانه باشد اما هرگز طعنه‌آمیز نبود. اگر موسیقی سوزناک باشد آن‌ها که گوش الاغ دارند آن را به طعنه‌آمیز بودن محکوم می‌کنند، اما وقتی آهنگ‌ساز، تندخو باشد یا بدبین، آن‌وقت است که می‌گویند اعتقاداتی برای خود دارد.

در برابر همهمه‌ی زمان چه باید ساخت؟ فقط آهنگی که از درونمان بیاید، آهنگ وجودمان که کسی آن را به موسیقی واقعی تبدیل کند. که چنین آهنگی اگر آن‌قدر قوی، درست و خالص باشد که همهمه‌ی زمان را در خود غرق کند، بعد از ده‌ها سال به زمزمه‌ی تاریخ تبدیل می‌شود.

دمیتری به این اصل، وفادار بود.

گفت‌وگوهای مؤدبانه، خسته‌کننده و ساختگی‌اش با رفیق تروشین ادامه یافت. یک روز بعدازظهر، معلم به علت نامعلومی سرحال بود. او پرسید: «درست است؟ این حقیقت دارد؟ چند وقت پیش شنیدم که چند سال قبل ژوزف ویساریونویچ شخصاً به شما تلفن کرده.»

«بله، حقیقت دارد.»

آهنگ‌ساز به تلفن روی دیوار اشاره کرد، هرچند که همان تلفنی نبود که با آن حرف زده بود. تروشین طوری خیره به دستگاه نگاه کرد که گویی باید الان در موزه باشد.

«چقدر استالین مرد بزرگی است! با آن‌همه کاری که در دولت دارد با آن‌همه مسئولیت، حتی از آدمی مثل شوستاکوویچ هم خبر دارد. او نصف دنیا را می‌گرداند و باز هم برای تو وقت می‌گذارد!»

دمیتری با هیجانی ساختگی گفت: «بله، بله. واقعاً شگفت‌انگیز است.»

«می‌دانم که آهنگ‌ساز مشهوری هستید، اما قابل قیاس با پیشوای بزرگمان نیستید.»

دمیتری که حدس می‌زد تروشین چیزی از شعر عاشقانه دارگومیژسکی[99] نداند با اندوه پاسخ داد: «من در مقابل عظمت ایشان کِرمی بیش نیستم. من کِرمم.»

«بله، همین‌طور است. شما درواقع کرم خاکی هستید. این خیلی خوب است که شما حالا به ادراک پویای انتقاد از خود رسیده‌اید.»

دمیتری که گویی دلش می‌خواست بیشتر از خود تعریف بشنود با نهایت تواضع تکرار کرد: «بله، من کرمم. فقط یک کرم.»

تروشین راضی از پیشرفتی که حاصل آمده بود آن‌جا را ترک کرد.

اما آهنگ‌ساز هیچ‌وقت نتوانست بهترین تصویر استالین را در مسکو پیدا کند و به اتاق کارش بزند. چند ماهی از تحصیلات مجدد دمیتری دمیتریویچ نگذشته بود که شرایط عینی و اقعیت‌های شوروی تغییر کرد. به‌عبارت دیگر، استالین مرد. ملاقات‌های معلم هم به پایان رسید.

با ترمز کردن راننده، اتومبیل سمت چپ رفت. ولگای راحتی بود. دمیتری همیشه می‌خواست که اتومبیلی خارجی داشته باشد. همیشه به‌خصوص مرسدس می‌خواست. ارز خارجی در دفتر حق‌التألیف داشت اما اجازه نداشت با آن اتومبیلی خارجی بخرد. مگر اتومبیل‌های شوروی خودمان چه اشکالی دارد، دمیتری دمیتریویچ؟ شما را از این‌جا به‌جای دیگر نمی‌برند؟ قابل اعتماد نیستند؟ به درد خیابان‌های شوروی نمی‌خورند؟ اگر برجسته‌ترین آهنگ‌ساز ما را ببینند که با خریدن مرسدس به صنعت خودروسازی شوروی توهین کرده، آن‌وقت چه؟ آیا اعضای کمیته‌ی اجرایی حزب در اتومبیل‌های سرمایه‌داری می‌نشینند؟ مطمئناً متوجه هستید که این کار غیرممکن است.

به پروکوفیف اجازه داده بودند که فورد جدیدی از غرب وارد کند. سرگئی سرگیویچ خیلی از این بابت خوشحال بود تا این‌که روزی معلوم شد که رانندگی با آن برایش خیلی سخت است و وسط مسکو زن جوانی را زیر گرفت. به‌نوعی این کار فقط از پروکوفیف برمی‌آمد؛ او همیشه از جهت اشتباه به‌طرف دنیا می‌آمد.

بدیهی است که هیچ‌کس، درست سرِوقت نمی‌میرد. بعضی‌ها خیلی زود و بعضی‌ها خیلی دیر می‌میرند. بعضی‌ها هم کموبیش سال درست اما زمان کاملاً اشتباهی را برای مردن انتخاب می‌کنند. بیچاره پروکوفیف درست روز مرگ استالین مرد! سرگئی سرگیویچ ساعت هشت شب دچار سکته شد و ساعت نه درگذشت. استالین پنجاه دقیقه بعد مرد. مردن بی‌آن‌که بفهمی تاریخ مصرف خودکامه‌ی بزرگ به‌سر رسیده است! خب، این هم سرنوشت سرگئی سرگیویچ. با این‌که در مورد وقت، بسیار وسواس به خرج می‌داد اما از این نظر هیچ‌وقت با روسیه هماهنگ نبود. به‌این‌ترتیب مرگش همزمانیِ ابلهانه‌ای به نظر آمد.

نام پروکوفیف و شوستاکوویچ را باید همیشه به هم مربوط دانست، اما با اینکه نامشان به هم گره خورده بود هیچگاه دوست نبودند. آن‌ها اغلب موسیقی یکدیگر را تحسین می‌کردند اما غرب بیش از حد در سرگئی سرگیویچ نفوذ کرده بود. او روسیه را سال 1918 ترک کرد و غیر از سفرهای کوتاه، آن‌هم با پیژامه‌های گمراه‌کننده، تا سال 1936 خارج از کشور ماند. آن موقع دیگر از واقعیت‌های شوروی اطلاعات کاملی نداشت. تصور می‌کرد که باید برای بازگشت میهن‌پرستانه تحسینش کنند و استبداد از این بابت بسیار خوشحال خواهد شد. چقدر تفکراتش ساده‌لوحانه بود. وقتی هم که هر دوی آن‌ها را برای بازخواست به دادگاه کشیدند تا در برابر صاحب‌منصبان موسیقی‌شناس جواب پس بدهند، سرگئی سرگیویچ فقط به راه‌حل‌های مربوط به موسیقی فکر می‌کرد. از او پرسیده بودند، مشکل سمفونی هشتم همکارش، دمیتری دمیتریویچ چیست. او با مصلحت‌گرایی همیشگی پاسخ داده بود، چیزی نیست که بشود درستش کرد: باید طرح آهنگین‌تری داشته باشد و قطعه‌ی دوم و چهارم باید حذف شود.

وقتی هم که از کار خودش انتقاد کردند، جواب داد: ببینید، من شیوه‌های چندگانه دارم، بگویید کدامیک را ترجیح می‌دهید استفاده کنم. او به فصاحت خود می‌نازید اما جواب سؤال آن‌ها این نبود. آن‌ها نمی‌خواستند که از سلیقه مبتذل و آرمان‌های خرده‌گیر انه‌ی نامفهومشان، به دروغ پیروی کنی، آن‌ها می‌خواستند واقعاً به آن‌ها ایمان داشته باشی. آن‌ها مشارکت، اطاعت و فاسد شدن تو را می‌خواستند و سرگئی سرگیویچ هرگز این را نفهمید. باشجاعت می‌گفت، وقتی قطعه‌ای را به جرم صورت‌گرایی به شدت محکوم می‌کنند، معلوم است که با اولین شنیدن نتوانسته‌اند درکش کنند. او معصومیتی عجیب و پیچیده داشت، اما روحش واقعاً روح آدمی ابله بود.

در تبعید زمان جنگ وقتی کت و شلوار اروپایی خوش‌دوختش را در بازار آلما۔ آتا می‌فروخت یاد سرگئی سرگیویچ بود. می‌گفتند تاجر ماهری است و همیشه پول خوبی می‌گیرد. حالا آن کت و شلوار تن چه کسی است؟ اما پروکوفیف نه فقط از لباس‌هایش بلکه از همه‌ی تجملاتی که موفقیت، برایش آورده بود، لذت می‌برد. او شهرت را به روش غربی درک می‌کرد. هر چیزی را که دوست داشت برایش amusing[100] به کار می‌برد. برخلاف آن‌که در مقابل همه از «اپرای لیدی مکبث اهل متسنسک» تعریف می‌کرد وقتی در حضور آهنگ‌سازش پارتیتور را ورق می‌زد کار را amusing توصیف کرد. این کلمه را بهتر بود تا روز مرگ استالین ممنوع می‌کردند، که البته سرگئی سرگیویچ نماند تا آن را ببیند.

دمیتری هیچ‌وقت تمایلی به زندگی خارج از کشور نداشت. او آهنگ‌سازی روسی بود که در روسیه زندگی می‌کرد. از فکر کردن به موقعیت‌های احتمالی سر باز می‌زد. بااین‌حال، این اقبال را داشت که هر چند کوتاه از شهرت غربی‌اش لذت ببرد. در نیویورک به داروخانه‌ای رفته بود تا آسپیرین بخرد. ده دقیقه بعد فروشنده، نوشته‌ای به شیشه زده بود که دمیتری دمیتریویچ شوستاکوویچ از این‌جا خرید می‌کند.

دیگر منتظر نبود او را بکشند. این وحشت در گذشته‌های دور مانده بود، اما کشته شدن بدترین حالت نبود. در ژانویه 1948 دوست سال‌خورده‌اش، سالومون میخوئلز، مدیر تئاتر یهودیان مسکو به فرمان استالین کشته شد. روزی که خبر پخش شد، دمیتری پنج ساعت صرف گزافه‌گویی‌های ژدانف در مورد تحریف واقعیت شوروی، موفق نبودن جشن پیروزی‌های باشکوه ملت و خوردن از توبره‌ی دشمنان کرد. بعد از آن مستقیم به آپارتمان میخوئل رفت. او دختر دوستش و شوهر او را در آغوش گرفت. سپس پشت به جمعیت خاموش و عزاداران وحشت‌زده، با صورتی که تقریباً به کتابخانه چسبیده بود با صدایی آرام و واضح به آن‌ها گفت: «به او حسودی می‌کنم.» منظورش این بود: مرگ بهتر از وحشت بی‌پایان است.

اما وحشت بی‌پایان تا پنج سال دیگر هم ادامه یافت، یعنی تا وقتی که استالین مرد و نیکیتا خروشچف سر کار آمد. قول گره‌گشایی از مشکلات، امید همراه با احتیاط و شور و شعفی بی‌شرط و شروط دادند. بله، اوضاع کمی آرام گرفت. بعضی اسرار ناخوشایند فاش شد، اما هیچ ارتباط واقع‌گر ایانه‌ی غیرمنتظره‌ای با حقیقت نداشت، فقط اطلاعاتی بود که امکان داشت مزیتی سیاسی داشته باشد. دولت کوتاه نمی‌آمد، فقط تغییر می‌کرد. انتظار وحشتناک پای آسانسور و این‌که گلوله‌ای پشت کله‌ات خالی شود دیگر به گذشته تعلق داشت، اما دولت علاقه‌اش را به دمیتری از دست نداد. دست‌ها هنوز به‌طرفش دراز شده بود و او هنوز از دست‌هایی که می‌آمدند تا او را بقاپند وحشت داشت.

نیکیتای چوب بلالی[101]. آخر چه کسی ممکن است درمورد «طرف‌داران هنر انتزاعی و همجنس‌بازان» سخنرانی مفصلی بکند که این هر دو به‌وضوح یکی‌اند؟ درست مثل ژدانف که یک بار به آخماتوا توهین کرده بود که «هم فاحشه است هم راهبه.» نیکیتای چوب بلالی در جلسه‌ای در جمع نویسندگان و هنرمندان درمورد دمیتری دمیتریویچ گفته بود: «آه، موسیقی او چیزی غیر از جاز نیست. فقط دل‌درد می‌آورد. حالا باید برایش کف هم بزنم؟ جاز باعث می‌شود قولنج کنید.» بااین‌همه، این گفته بهتر از این بود که «از توبره‌ی دشمنان

ملت می‌خورد.» در این روزهای آزادتر به بعضی از آن‌هایی که جمع شده بودند تا دبیر اول حزب را ببینند اجازه دادند بااحترام لازم نظر مخالف خود را ارائه دهند. در میان آن‌ها حتی شاعر جسور، یا بهتر بگوییم دیوانه‌ای حضور داشت که گفته بود، هنرمندان بزرگی هم در میان انتزاع‌گرایان وجود دارند. او از پیکاسو نام برد، که چوب بلالی با تندی پاسخ داد: «مرگ دوای درد گوژپشت است.»

در گذشته، با چنین تبادل نظراتی ممکن بود به شاعر گستاخ یادآوری کنند که مشغول بازی خطرناکی است که ممکن است پایان بدی داشته باشد، اما این بار خروشچف بود که تصمیم می‌گرفت. توپوتشرهای او باعث می‌شد نوکران ماسک‌دار خود را به این‌سووآن‌سو تاب دهند، اما باعث نمی‌شد که تو بی‌درنگ از آینده‌ی خود بترسی. یک روز چوب بلالی ممکن است بگوید که موسیقی تو دلش را درد می‌آورد و روز دیگر، بعد از میهمانی خیال‌انگیزی در کنگره‌ی اتحادیه‌ی آهنگ‌سازان، تحسینت کند. آن شب، مدت درازی حرف زده بود که اگر موسیقی نسبتاً خوب بود می‌شد از رادیو آن را گوش داد، ولی آن‌ها صداهایی مثل غارغار کلاغ را پخش می‌کنند... وقتی نوکران با صورت‌های ماسک‌دار می‌خندیدند چشم‌های او بر آهنگ‌سازی متمرکز بود که جازش دل‌درد می‌آورد، اما دبیر اول حزب، آن شب روحیه‌ی خوش و درواقع بخشنده‌ای داشت.

«این هم دمیتری دمیتریویچ، او همان اول جنگ روشنایی را با... اسمش را چه گذاشته‌اید؟ آه، سمفونی‌اش دیده است.»

دیمیتری دیگر مورد تنفر نبود و لیدمیلا لیادوا، رهبر ارکستر آهنگ‌های مشهور به‌طرف فش آمد و او را بوسید و به‌طور احمقانه‌ای اعلام کرد که چقدر همه عاشق او هستند. خب، دیگر اهمیتی نداشت، زیرا اوضاع دیگر مثل قبل نبود.

اما این‌جا بود که او اشتباه کرد. در گذشته موضوع مرگ بود و حالا موضوع زندگی. در گذشته مردان از وحشت خود را کثیف می‌کردند و حالا اجازه داشتند مخالفت کنند. در گذشته، تحت فرمان بودند و حالا به ایشان پیشنهاد می‌دادند. به‌این‌ترتیب، بی‌آن‌که خودش ابتدا بفهمد، گفت‌وگویش با دولت برای روحش خطرناک‌تر شده بود. در گذشته، آن‌ها میزان شجاعتش را می‌سنجیدند و حالا میزان بزدلی‌اش را. آن‌ها مانند کشیشانی که برای نجات روح مردی در حال احتضار تلاش می‌کنند، کارشان را با سخت‌کوشی و تدبیر و با شدت اما در اصل با کار کشتگیِ غیرمغرضانه‌ای انجام می‌دادند.

دمیتری هم درمورد هنر تجسمی چیز زیادی نمی‌دانست و نمی‌توانست درمورد گرایش به هنر انتزاعی با شاعر بحث کند، اما پیکاسوی بزدل و متقلب را می‌شناخت. چه راحت می‌شود وقتی تحت حکومت کمونیستی زندگی

نمی‌کنی، کمونیست باشی! پیکاسو عمری را صرف کشیدن چرندیاتش کرده بود و دولت شوروی را تکریم می‌کرد. بااین‌همه، خدا نکند که هر هنرمند بدبخت و کوچکی که تحت حکومت شوروی جان می‌کند مثل پیکاسو نقاشی کند. او آزاد بود که حقیقت را بگوید. چرا از طرف آن‌هایی که چنین حقی نداشتند این کار را نکرد؟ به‌جای آن مثل ثروتمندی در پاریس و جنوب فرانسه نشست و کبوتر چندش‌آور صلحش را بارها و بارها کشید. او از منظره‌ی آن پرنده‌ی لعنتی بیزار بود. او از بردگی افکار به اندازه‌ی بردگی جسمی هم بیزار بود.

ژان پل سارتر چطور؟ یک بار دمیتری ماکسیم را به اداره حق‌التألیف نزدیک گالری ترتیاکف برد. فیلسوف بزرگ پای میز صندوق‌دار ایستاده بود و دسته‌ی قلمبه‌ی روبل‌هایش را بادقت بسیار می‌شمرد. آن روزها فقط در موارد خاص به نویسندگان خارجی حق‌التألیف می‌دادند. او زیر لب برای ماکسیم چنین مواردی را توضیح داد: «اگر کسی اردوگاه ارتجاع را ترک کند و به اردوگاه توسعه بپیوندد ما انگیزه‌های مالی‌اش را بی‌پاسخ نمی‌گذاریم.»

موضوع استراوینسکی فرق داشت. عشق و احترام دمیتری به موسیقی استراوینسکی هرگز از بین نرفت. گواهش، عکس بزرگی از این همکار آهنگ‌سازش بود که زیر شیشه میزش گذاشته بود. هر روز به آن نگاه می‌کرد و یاد آن سالن پر زرق‌وبرق هتل والدورف آستوریا می‌افتاد. یاد خیانت و شرمندگی اخلاقی خودش می‌افتاد.

وقتی دوره‌ی تعدیل از راه رسید، دوباره آهنگ‌های استراوینسکی را نواختند و خروشچف را که همان‌قدر از موسیقی می‌دانست که خوک از پرتقال، متقاعد کردند که مشاهیر در تبعید را برای دیدار به وطن بخواند. گذشته از هر چیز این کار تبلیغات بزرگی به راه می‌انداخت. شاید هم امیدوار بودند به طریقی استراوینسکی را از آرمان‌های جهان‌شهری تبدیل به آهنگ‌ساز خالص روسی کنند. و شاید استراوینسکی از طرف خودش امیدوار بود بقایای روسیه‌ی کهنی را که مدت‌ها پیش ترک کرده بود به‌نوعی کشف کند. در چنین صورتی هر دو خیال با ناامیدی روبه‌رو شد، اما به استراوینسکی خوش گذشت. ده‌ها سال بود که مقامات شوروی او را متهم به نوکری سرمایه‌داری می‌کردند. از این‌رو وقتی بعضی از صاحب‌منصبان موسیقی‌شناس با لبخندی ساختگی و دستی دراز شده به‌طرفش آمدند، به‌جای آن‌که دستش را به‌طرف آن‌ها دراز کند، نوک عصایش را به سمت آن‌ها تکان داد. معنی این رفتار معلوم بود: حالا چه کسی نوکر است؟ اما وقتی افراد حکومت، گیاه‌خوار شدند بهانه‌ای برای تحقیر آن‌ها به دست آمد. بهانه‌ی دیگر وقتی بود که حکومتیان گوشت‌خوار شدند و استراوینسکی

دهها سال را بی‌اعتنا و خودپسندانه صرف نشستن در قله‌ی کوه اولمپوس در آمریکا کرد بی‌آن‌که نگران هنرمندان، نویسندگان و خانواده‌هایشان باشد که در سرزمین مادریش تحت تعقیب، زندانی یا در تبعید بودند یا کشته می‌شدند. آیا او که هوای آزادی را استشمام می‌کرد، هیچ‌گاه کلمه‌ای اعتراض‌آمیز در جمع به زبان می‌آورد؟ چنین سکوتی قابل‌نکوهش بود. همزمان با این‌که دمیتری، استراوینسکی آهنگ‌ساز را می‌ستود، از استراوینسکی متفکر بیزار بود. خب، شاید پاسخ سؤال او درمورد صداقت شخصی و صداقت هنری همین بود؛ فقدان اولی لزوماً دومی را لوث نمی‌کرد.

آن‌ها در طول مدت تبعید دو بار یکدیگر را ملاقات کردند. هیچ‌یک از این دو بار با موفقیت همراه نبود. همان‌قدر که دمیتری، نگران و عصبی بود، استراوینسکی جسور و مطمئن به نظر می‌رسید. آن‌ها چه می‌توانستند به هم بگویند؟ دمیتری پرسید: «نظرتان درمورد پوچینی چیست؟» استراوینسکی پاسخ داد: «از او متنفرم.»

دمیتری هم گفته بود: «من هم.»

آیا واقعیت را گفته بودند؟ آیا قلباً به چیزی که می‌گفتند ایمان داشتند؟ احتمالاً خیر. یکی به‌طور غریزی سلطه‌گر بود و دیگری به‌طور غریزی سلطه‌پذیر. مشکل ملاقات‌های تاریخی همین بود.

او همچنین ملاقاتی تاریخی با آخماتوا داشت. دمیتری او را به رپینو دعوت کرده بود. آخماتوا آمد. دمیتری ساکت نشست، آخماتوا هم. بعد از بیست دقیقه، آخماتوا بلند شد و رفت. بعدها گفت: «ملاقات محشری بود.»

در جایی که کلمات ته می‌کشند و نوای موسیقی به راه است و در جایی که موسیقی هم ته می‌کشد، سکوت پر از ناگفته‌هاست. دمیتری گاهی موقعیت خود را به سیبلیوس تشبیه می‌کرد که در آخرین ثلث زندگی‌اش چیزی ننوشت و به‌جای آن فقط شکوه مردم فنلاند را به تجسم درآورد. روش بدی برای زندگی نبود، اما دمیتری شک داشت که قدرت تحمل سکوت را داشته باشد.

سیبلیوس به‌وضوح لبریز بود از نارضایتی و خودکوچک‌بینی. می‌گفتند روزی که همه‌ی دست‌نوشته‌های باقیمانده‌اش را سوزاند احساس کرد باری از روی دوشش برداشته شده است. این کارش قابل‌درک بود. ارتباط میان خودکوچک‌بینی و الکل هم قابل‌درک بود، یکی، دیگری را می‌شوراند.

تعریف دیگری از ملاقات او با آخماتوا در رپینو بر سر زبان‌ها بود. در این تعریف از زبان آخماتوا می‌گفتند: «ما بیست دقیقه حرف زدیم. خیلی محشر بود.» اگر او واقعاً چنین حرفی زده باشد، حتماً خیال‌بافی کرده است، اما مشکل

ملاقات‌های تاریخی همین بود. نسل‌های آینده چه چیزی را باید باور می‌کردند؟ گاهی اوقات دمیتری فکر می‌کرد از هر چیزی نسخه‌ی متفاوتی وجود دارد.

وقتی او و استراوینسکی درمورد رهبری ارکستر صحبت می‌کردند، دمیتری اعتراف کرده بود: «من نمی‌دانم چطور باید ترسید.» در آن موقع فکر می‌کرد فقط درمورد رهبری ارکستر حرف می‌زند. حالا چندان مطمئن نبود.

حالا دیگر از کشته شدن نمی‌ترسید. این واقعیت داشت و باید امتیاز محسوب می‌شد. می‌دانست که اجازه دارد زندگی کند و تحت بهترین مراقبت پزشکی قرار گیرد، اما از جهتی این بدتر بود، زیرا همیشه امکان این هست که ارزش زنده را پایین آورد، اما درمورد مرده نمی‌توان این کار را کرد.

او به هلسینکی رفته بود تا جایزه‌ی سیبلیوس را بگیرد. در همان سال، بین ماه مه و اکتبر، به درجه‌ی عضویت آکادمی سانتا سیسیلیا در روم و ریاست مرکز اعطای نشان به پردازندگان هنر و ادبیات در پاریس، دکترای افتخاری دانشگاه آکسفورد و عضویت آکادمی رویال موسیقی در لندن رسید. او مثل میگوی شناور در سس در افتخارات غرق شده بود. در آکسفورد، پولنک را ملاقات کرد که او درجه‌ای افتخاری دریافت کرده بود. پیانویی به آن‌ها نشان دادند که زمانی متعلق به فوره بود. هریک به احترام، آمیخته‌ای از چند آهنگ نواختند.

چنین موقعیت‌هایی برای مردی معمولی بسیار لذت‌بخش است و در آن سن به او دلگرمی، شادی‌آفرین و شیرینی می‌دهد، اما دمیتری مردی معمولی نبود. همان‌طور که او را در افتخارات غرق می‌کردند همان‌طور هم گلویش را پر علف کرده بودند. حالا حملاتشان به او به طرز فریب‌کارانه‌ای متفاوت بود. آن‌ها با لبخند و چند لیوان نوشیدنی و شوخی‌های خوشایند درمورد دل‌درد دبیر اول جلو می‌آمدند و بعد در پی آن چاپلوسی می‌آمد و ریشخند و سکوت و توقعات. گاهی هم او از خودبی‌خود می‌شد و گاهی واقعاً نمی‌دانست چه اتفاقی دارد می‌افتد تا اینکه به خانه می‌رسید یا به آپارتمان دوستی می‌رفت و به اشک و آه و فریادهای از خود بیزاری می‌افتاد. تقریباً دیگر هر روز به درجه‌ای می‌رسید که از خود احساس تنفر می‌کرد. باید سال‌ها پیش می‌مرد.

همچنین آن‌ها برای دومین بار «اپرای لیدی مکبث اهل متسنسک» را از بین برده بودند. از روزی که مولوتف، میکویان و ژدانف قهقهه سر داده و ریشخند زده بودند و استالین پشت پرده خود را پنهان کرده بود، بیست سال جلو اجرای اپرایش را گرفته بودند. با مرگ استالین و ژدانف و آغاز اعتدال، او با کمک گلیکمن، دوست و همدمش از اوایل دهه‌ی سی، در اپرایش تجدیدنظر کرد.

وقتی خبر «هیاهو به‌جای موسیقی» را در آلبومش می‌چسباند، گلیکمن کنارش نشسته بود. نسخه‌ی جدیدشان را به تئاتر مالی لنینگراد فرستادند تا برای اجرا مجوز بگیرد، اما فرآیند کار متوقف شد و به او توصیه کردند بهترین راه سرعت بخشیدن به کار این است که خود آهنگ‌ساز نامه‌ی درخواستی به معاون اول رئیس شورای وزرای اتحاد جماهیر شوروی بنویسد. البته که این کار تحقیرآمیز بود زیرا معاون اول رئیس شورای وزرای اتحاد جماهیر شوروی کسی نبود غیر از ویاچسلاو میخائیلویچ مولوتف.

بااین‌حال نامه را نوشت و وزارت فرهنگ کمیته‌ای منصوب کرد تا این نسخه‌ی جدید را بررسی کند. به علامت احترام به برجسته‌ترین آهنگ‌ساز ملت، قرار شد کمیته به آپارتمان او در بزرگ‌راه موژائیسکوی برود. گلیکمن، مدیر تئاتر مالی و رهبر ارکسترش هم آنجا بودند. کمیته هم از آهنگ‌سازان، کابالفسکی[102] و چولاکی[103]، موسیقی‌شناس، خوبف[104] و رهبر ارکستر تسلیکفسکی[105] تشکیل شده بود. قبل از ورود آن‌ها دمیتری حسابی نگران بود. نسخه‌های تایپ شده‌ی اپرانامه را دست آن‌ها داد. سپس کل اپرا را اجرا کرد، همه‌ی قطعه‌ها را خواند و در این حال ماکسیم کنار دستش نشسته بود و پارتیتور را ورق می‌زد.

مکثی اتفاق افتاد که به سکوتی عجیب منجر شد. سپس کمیته کارش را آغاز کرد. بیست سال گذشته بود و آن چهار نفر مردان اهل قدرت نبودند که روی جعبه ضد گلوله نشسته باشند، بلکه مردان اهل موسیقی بودند، مردان کارکشته‌ای که دست‌شان به خون آلوده نبود و در آپارتمان دوست موسیقی‌دانشان نشسته بودند. بااین‌حال گویی چیزی تغییر نکرده بود. آن‌ها آنچه را شنیدند با آنچه که دو دهه‌ی قبل نوشته شده بود مقایسه کردند و آن را همان‌قدر ناقص تشخیص دادند. گفتند از آن‌جایی که «هیاهو به‌جای موسیقی» هرگز به‌طور رسمی حذف نشده، بنابراین انگاره‌های آن هنوز قابل اطلاق است. یکی از این انگاره‌ها این بود که موسیقی دمیتری هو هو، قات‌قات و غرغر می‌کند و به نفس‌نفس می‌افتد. گلیکمن سعی کرده بود بحث کند اما خوبف سرش فریاد کشیده بود. کابالفسکی بعضی بخش‌های اثر را می‌ستود ولی معتقد بود به‌طورکلی از نظر اخلاقی نکوهیده است زیرا قتلی را که توسط زنی قاتل و فاحشه صورت گرفته است به‌حق جلوه می‌دهد. دو نفری که از تئاتر مالی آمده بودند حرفی نزدند. خود دمیتری هم روی مبل نشسته، چشم‌ها را بسته و به حرف‌های اعضای کمیته گوش می‌داد که می‌خواستند بیهوده از یکدیگر سبقت بگیرند.

به اتفاق آرا به این نتیجه رسیدند که به‌خاطر لغزش‌های ایدئولوژیکی و هنری آشکار این اپرا نباید به آن اجازه‌ی احیا دهند. کابالفسکی در پی خودشیرینی به او گفته بود: «میتیا، چرا عجله می‌کنی؟ هنوز زمان اپرای تو نشده.»

خودش هم فکر می‌کرد که زمانش نرسیده و هرگز نخواهد رسید. او از کمیته به‌خاطر «هنرسنجی‌شان» تشکر کرد، سپس با گلکمن به سالن خصوصی رستوران آراگوی رفت و تا توانستند نوشیدند. این یکی از مزایایی بود که او در سن بالا نصیبش شده بود. دیگر بعد از نوشیدن از حال نمی‌رفت. اگر دلش می‌خواست می‌توانست همه‌ی شب ادامه دهد.

دیاگیلف[106] همیشه سعی می‌کرد ریمسکی کورساکف را متقاعد کند به پاریس برود، اما آهنگ‌ساز همیشه مخالفت می‌کرد. سرانجام مدیر اشرافی ترفندی زد که باعث شد حضور آهنگ‌ساز کاملاً اجباری شود. کورساکف تسلیم شد و کارت‌پستالی فرستاد در آن نوشته بود: «حالا که داریم می‌رویم، پس برویم. حکایت ما حکایت همان طوطی است که گربه‌ای دمش را به دندان گرفته و او را از پلکان پایین می‌کشد.»

بله، زندگی دمیتری هم همیشه همین‌طور بود و سرش به پله‌های بی‌شماری خورده بود.

او مردی وسواسی بود. هر دو ماه یک بار به سلمانی و دندانپزشکی می‌رفت و همان اندازه که وسواسی بود مضطرب هم به نظر می‌آمد. همیشه دست‌هایش را می‌شست، زیرسیگاری را بعداز این‌که دو ته‌سیگار در آن بود خالی می‌کرد. دوست داشت بداند کارها به‌طور مرتب انجام می‌شوند: آب، برق، لوله کشی. در تقویمش تاریخ تولد افراد خانواده، دوستان و همکاران را علامت زده بود و همیشه کارت یا تلگرامی برای آن‌ها که نامشان در فهرست بود می‌فرستاد. وقتی به کلبه‌ی تابستانی‌اش در خارج از مسکو می‌رفت اولین کارش این بود که کارت‌پستالی به خودش بفرستد تا مطمئن شود پست درست کار می‌کند. با این‌که کارش، کمی جنون‌آمیز به نظر می‌رسید اما ضروری بود. اگر دنیای بزرگ غیرقابل‌کنترل می‌شد باید اطمینان داشتی که کنترل اطراف خودت را در دست داری، حالا مهم نبود چقدر اطرافت کوچک باشد.

جسمش مثل همیشه بی‌قرار بود، شاید این بار بیشتر، اما مغزش دیگر پرواز نمی‌کرد بلکه از یک موضوع اضطراب‌آور به موضوع اضطراب‌آور دیگری می‌پرید.

نمی‌دانست جوانی با ذهن در پرواز از پیرمردی که پشت راننده نشسته و به بیرون خیره شده است چه خواهد ساخت.

نمی‌دانست آخر داستان موپاسان چه اتفاقی افتاد که آن‌قدر مرد جوان را تحت تأثیر قرار داد، همان داستانی که در مورد عشق پرشور و بی‌پروا بود. آیا خواننده می‌فهمید سرانجام ملاقات پرماجرای عشاق چه می‌شود؟ اگر کتاب را پیدا کند باید بخواندش.

آیا هنوز به عشق آزاد معتقد بود؟ شاید فرضیه‌اش را قبول داشت، آن هم برای کسی که جوان بود و ماجراجو و بی‌خیال، اما وقتی بچه وارد زندگی می‌شد دیگر والدین نمی‌توانستند دنبال خوشی خودشان باشند و اگر بودند زیانی شدید وارد می‌آمد. او زوج‌هایی معتقد به عشق آزاد را می‌شناخت که بچه‌هایشان سر از یتیم‌خانه درآورده بودند.

چنین بهایی بسیار گران تمام می‌شد. پس باید سازگاری در پیش گرفت. وقتی آن بخش از زندگی را که همه چیز بوی گل میخک می‌دهد پشت سر بگذاری دیگر زندگی همین می‌شود که هست. به‌طور مثال، ممکن است یکی از والدین دنبال عشقش برود و دیگری مراقب بچه‌ها باشد. اغلب این مرد است که چنین آزادی‌هایی اختیار می‌کند اما در بعضی موارد زن‌ها هم دست به چنین کاری می‌زنند. زندگی خودش ممکن بود به نظر کسی که از دور نگاه می‌کرد و جزئیات را نمی‌دانست این گونه به نظر برسد. چنین شخصی می‌دید که نینا و اسیلیونا بیشتر اوقات برای کار یا تفریح یا هر دو در سفر است. نیتا نه از نظر روحیه و نه از روی عادت هماهنگ با زندگی خانوادگی نبود.

در عشق آزاد، یکی از طرفین می‌توانست به حقوق دیگری کاملاً احترام بگذارد، اما میان اصول و اجرای آن همیشه دل‌خوری پیش می‌آید. به‌این‌ترتیب دمیتری خود را در موسیقی غرق کرد و تمام حواسش به آن بود و با آن آرامش می‌یافت. بااین‌حال وقتی در هوای موسیقی بود از بچه‌هایش غافل می‌شد. گاهی اوقات هم بله، شیطنت‌هایی می‌کرد، کمی بیش از شیطنت. سعی خودش را می‌کرد و این تنها کاری است که همه مردان می‌توانند بکنند.

نینا و اسیلیونا پر از شادی و سرزندگی بود، دائم بیرون می‌رفت، از خودش خوشش می‌آمد و تعجبی نداشت که دیگران هم عاشقش شوند. دمیتری این را همیشه به خود می‌گفت. حرفش درست بود و کاملاً قابل درک اما گاهی هم دردناک. اما این را هم می‌دانست که نینا عاشق اوست و او را در برابر خیلی چیزهایی که خود قادر به حلش نبود یا تمایلی نداشت با آن سروکله بزند حمایت کرده بود. همچنین نینا به او افتخار می‌کرد. همه‌ی این‌ها مهم بود، زیرا آن‌که از

بیرون نگاه می‌کرد و مسائل را درک نمی‌کرد، وقتی نینا درگذشت دیگر اصلاً موضوع را نمی‌فهمید. نینا با شخص آ در ارمنستان بود که ناگهان مریض شد. دمیتری با گالیا به آن‌جا پرواز کرد اما همین‌که آن‌ها رسیدند نیتا فوت کرده بود.

حقیقت ماجرا این بود که همراه گالیا با قطار به مسکو برگشت. پیکر نینا واسیلیونا همرا آ با هواپیما برگشت. در مراسم خاکسپاری همه‌کس و همه چیز سیاه‌وسفید و خال‌خالی بود: خاک، برف و گل‌های رزی که آ آورده بود. دمیتری سر قبر، آ را کنار خود نگه داشت. تا یکی دو ماه بعد هم نزدیک او ماند یا بهتر بگوییم او را نزدیک خود نگه داشت. ازاین‌رو وقتی به ملاقات نیتا می‌رفت، اغلب گل‌های رزی از طرف آ همه‌جای قبر را پوشانده بود. برای دمیتری این منظره آرامش‌بخش بود. بعضی‌ها این را درک نمی‌کردند.

یک بار از نیتا پرسیده بود آیا می‌خواهد او را ترک کند. نیتا خندیده و جواب داده بود: «تا وقتی که آ ذره‌ی جدیدی کشف کند و جایزه‌ی نوبل را ببرد این کار را نخواهد کرد.» دمیتری هم خندیده اما نتوانسته بود احتمال هریک از این دو واقعه را تخمین بزند. بعضی‌ها دلیل خندیدنش را درک نمی‌کردند و این تعجبی نداشت.

درمورد یک چیز حسرت نمی‌خورد. وقتی همه کنار دریای سیاه و معمولاً در تفریحگاه‌هایی متفاوت می‌ماندند، آ با اتومبیل بیوکش می‌آمد و نیتا را برای گردش می‌برد. این گردش‌ها اشکالی نداشتند. او هم همیشه مشغول موسیقی‌اش بود. همیشه هرجایی بود می‌دانست چطور پیانو پیدا کند. آ رانندگی نمی‌کرد و راننده داشت. نه، راننده هم مشکلی نبود. مشکل، اتومبیل بیوک بود. آ، بیوکش را از یک ارمنی به وطن بازگشته خریده بود و اجازه‌ی این کار را داشت. مشکل همین بود. پروکوفیف اجازه داشت فورد بخرد. آ اجازه داشت بیوک بخرد. اسلاوا روستروپوویچ اجازه داشت اپل، دوباره یک اپل دیگر و بعد لند روور و سپس مرسدس بخرد. او، دمیتری دمیتریویچ شوستاکوویچ اجازه نداشت اتومبیل خارجی بخرد. سال‌ها گذشت و او همچنان باید کی. ای. ام مدل 50 -10 می‌خرید یا گازمی، یا پوبیدا، موسکویچ یا ولگا... برای همین هم حسودی می‌کرد به آن بیوک آ با روکش چرمی، رنگ کرومی، چراغ‌ها و تیغه‌های خیال‌انگیز و صدای متفاوتش و هیجانی که هرجا می‌رفت به پا می‌کرد. همسرش نینا واسیلیونا هم با آن چشمان عسلی در آن می‌نشست. با وجود همه‌ی اصول اعتقادیش این مورد هم گاهی اشکال‌آفرین بود.

او داستان موپاسان را پیدا کرد، همان‌که درمورد عشق بدون مرز بود، عشقی بدون نگرانی درمورد آینده. آنچه که دمیتری فراموش کرده بود در همان

آینده جای داشت؛ فرمانده‌ی جوان شهر نظامی به دلیل ایجاد موقعیت اضطراری دروغین به شدت توبیخ شده و تمام گردانش تنبیه شده و به آن سر فرانسه فرستاده شده بودند. آن‌وقت موپاسان به خودش اجازه می‌داد درمورد روایتش گمانه‌زنی کند. شاید آن‌طور که نویسنده ابتدا در نظر داشت این داستان، قصه‌ی قهرمانانه‌ی عشقی درخور هومر و گذشتگان نبود بلکه داستان بی‌ارزش و مدرنی بود شبیه داستان‌های پل دو کوک[107]. شاید هم فرمانده در میان جمع افسران هم‌قطارش حتی حالا مشغول لاف زنی درمورد رفتار پر سوزوگداز و جایزه‌ی هماغوشی‌اش بود. موپاسان در آخر نتیجه می‌گرفت که حتی اگر رفتار اولیه و شب عشق به‌خودی‌خود خالصانه باشد و این‌طور هم باقی بماند باز هم این ناپاکی‌های عاشقانه بیشتر مال دنیای مدرن است.

دمیتری درمورد داستان فکر کرد و بعضی اتفاقات زندگی خودش را از نظر گذراند؛ شادی نیتا از تحسین دیگران، شوخی‌اش درمورد جایزه‌ی نوبل. حالا فکر می‌کرد شاید لازم باشد طور دیگری به خودش نگاه کند: مثل موسیو پاریس، همان شوهر تاجری که بیرون شهر مانده و مجبور شده بود به‌زور سرنیزه، شبی را در سالن انتظار ایستگاه قطار آنتیب سپری کند.

حواسش را دوباره به گوش راننده متمرکز کرد. در غرب، راننده مستخدم محسوب می‌شد. در اتحاد جماهیر شوروی، رانندگی از مشاغل پردرآمد و محترم بود. خیلی از راننده‌ها بعد از جنگ، مهندسانی با تجربه‌ی نظامی بودند. می‌دانستی که باید به راننده‌ات احترام بگذاری. هیچ‌وقت از رانندگی او یا وضعیت اتومبیل ایراد نمی‌گرفتی زیرا کوچک‌ترین انتقاد باعث می‌شد اتومبیلت دو هفته به دلیل خرابی اسرارآمیز بخوابد. این را هم باید نادیده می‌گرفتی که وقتی به راننده‌ات احتیاج نداری او ممکن است سر کار دیگری باشد تا درآمد بیشتری کسب کند. ازاین‌رو تو همیشه تسلیم او بودی و درستش همین بود. از جهاتی او بیشتر از تو اهمیت داشت. رانندگان موفقی هم بودند که خودشان راننده می‌گرفتند. آیا آهنگ‌سازان موفقی هم بودند که به‌ بدهند دیگران برایشان آهنگ بسازند؟ شاید بودند. چنین شایعه‌هایی کم نبود. می‌گفتند خرونیکف آن‌قدر سرش گرم دولت بود که فقط وقت می‌کرد طرح اولیه‌ی موسیقی‌اش را بکشد و رهبری آن را دیگران برایش انجام می‌دادند. شاید همین‌طور بود اما چندان اهمیتی نداشت. موسیقی‌ای که خرونیکف خودش رهبری می‌کرد از آن بهتر یا بدتر نمی‌شد.

خرونیکف هنوز هم دست‌نشانده‌ی ژدانف بود و با اشتیاق تهدید می‌کرد و زور می‌گفت. حتی معلم پیشین خودش، شبالین را آزار می‌داد. طوری رفتار

می‌کرد که گویی شخص او مجوز آهنگ‌سازان را برای خرید کاغذ دست‌نویس امضا می‌کند. خرنیکف را استالین انتخاب کرده بود مثل ماهیگیری که ماهیگیر دیگر را از دور می‌شناسد.

آن‌ها که مجبور بودند ادای مشتری را برای فروشنده‌ی مغازه خرنیکف دربیاورند از تعریف کردن داستان خاصی درمورد او خوششان می‌آمد. یک روز دبیر اول اتحادیه آهنگ‌سازان را به کرملین فراخواندند تا درمورد نامزدهای جایزه‌ی استالین با او مشورت کنند. مطابق معمول اتحادیه فهرست نام‌ها را تهیه کرده بود اما استالین بود که انتخاب آخر را می‌کرد. در این مورد، به دلیل نامعلومی، استالین تصمیم گرفت نقش زمامدار مهربان را بازی کند، اما دستیارش متوجه موقعیت فروتنانه خود باشد. خرونیکف وارد شد. استالین به او توجه نکرد و وانمود کرد مشغول کار است. خرونیکف بیشتر و بیشتر نگران شد. استالین سر بلند کرد. خرونیکف چیزی زیر لب درمورد فهرست نام‌ها گفت. استالین به‌قول معروف چپ‌چپ نگاهش کرد. خرونیکف بی‌درنگ خودش را کثیف کرد. از حضور رئیس دولت وحشت‌زده گریخت و زیر لب عذر می‌خواست. بیرون از اتاق دو پرستار مرد قلچماق یافت که چنین صحنه‌هایی را زیاد دیده بودند. او را گرفتند، به اتاق مخصوصی بردند، خواباندند، تمیزش کردند و اجازه دادند تا حالش جا بیاید و شلوارش را دوباره به او برگرداندند.

البته چنین رفتارهایی غیرطبیعی نبود. به‌طورحتم نمی‌شد از کسی به دلیل ضعف روده‌هایش متنفر بود آن‌هم در حضور مستبدی که می‌توانست با اشاره دست هرکسی را نابود کند. خیر، علت تنفرت از تیخون نیکولایویچ خرنیکف این بود که او داستان شرم‌آورش را با لذت دوباره تعریف می‌کرد.

حالا استالین مرده بود، ژدانف هم همین‌طور. استبداد از بین رفته بود اما خرنیکف هنوز همان‌طور بود و به رئیسان جدید مثل رئیسان قبلی آویزان می‌شد و اعتراف می‌کرد که بله، ممکن است اشتباهاتی روی داده باشد اما در این صورت همه با مسرت اصلاح شده است. با این‌که از همه دیرتر ولی سرانجام خرنیکف هم می‌مرد، مگر آن‌که یکی از قوانین طبیعت اطلاق‌ناپذیر باشد: شاید تیخون خرنیکف تا ابد زنده می‌ماند و نماد مردی می‌شد که عاشق دولت بود و می‌دانست چه کار کند تا دولت هم عاشقش باشد. اگر هم خرنیکف تا ابد نمی‌ماند همتا و جانشینانش می‌ماندند: مهم نبود جامعه چه تغییری بکند، آن‌ها تا ابد زنده می‌ماندند.

دمیتری دوست داشت فکر کند از مرگ نمی‌ترسد. از زندگی بیشتر از مرگ می‌ترسید. معتقد بود مردم باید درمورد مرگ بیشتر فکر کنند و خود را به

اندیشه‌ی آن عادت دهند. بهترین روش زندگی این نیست که بگذاری مرگ آرام و ناغافل رویت بخزد. باید خود را با آن آشنا کنی. باید درموردش بنویسی، چه با کلمات یا در موقعیت او با موسیقی. او معتقد بود که اگر ما در زندگی زودتر به مرگ فکر کنیم کمتر دچار اشتباه می‌شویم.

مفهومش این نبود که خودش اشتباهات زیادی نکرده است.

گاهی اوقات فکر می‌کرد اگر آن‌قدر به مرگ فکر نکرده بود باز هم همان اندازه اشتباه می‌کرد.

گاهی هم فکر می‌کرد مرگ در حقیقت چیزی است که از همه بیشتر او را وحشت‌زده می‌کند.

ازدواج دوم، یکی از اشتباهاتش بود. نیتا مرده بود و یک سال بیشتر نگذشته بود که مادرش مرد. دو زنی که در زندگی‌اش حضور پر قدرت داشتند، راهنماهایش، معلمانش و محافظانش بودند. خیلی تنها شده بود. آپرایش را برای بار دوم کشته بودند. می‌دانست که نمی‌تواند با زنان رابطه‌های احمقانه ایجاد کند. احتیاج به همسری کنار خود داشت. به‌این‌ترتیب وقتی رئیس داوران بهترین گروه کر در فستیوال جهانی جوانان بود چشمش به مارگاریتا افتاد. بعضی می‌گفتند او شبیه نینا و اسیلیونا بود اما دمیتری نمی‌توانست چنین شباهتی را ببیند. مارگاریتا برای سازمان جوانان کمونیست کار می‌کرد و احتمالاً عمداً سر راه دمیتری قرار گرفته بود، اما باز هم این دلیل قانع‌کننده‌ای نبود. مارگاریتا نه دانشی از موسیقی داشت نه علاقه‌ی چندانی به آن. سعی کرد خوشش بیاید اما نتوانست. هیچ‌یک از دوستان دمیتری از او خوششان نمی‌آمد و ازدواجش را تأیید نمی‌کردند ولی این ازدواج ناگهانی و پنهانی اتفاق افتاده بود. گالیا و ماکسیم از او خوششان نیامد. توقعی هم نبود که آن‌قدر سریع بتواند جای مادرشان را بگیرد. به‌این‌ترتیب او هم از آن‌ها خوشش نیامد. یک روز وقتی داشت از آن‌ها شکایت می‌کرد، دمیتری با چهره‌ای کاملاً جدی گفت: «بیا بچه‌ها را بکشیم و تا ابد خوشبخت زندگی کنیم؟»

مارگاریتا منظور او را نفهمید و متوجه نشد که مسخره‌اش می‌کند.

آن‌ها از هم جدا شدند و بعد طلاق گرفتند. تقصیر مارگاریتا نبود، دمیتری مقصر بود. او را در موقعیتی غیرممکن گذاشته بود. از تنهایی‌اش وحشت‌زده بود. خب، این چیز جدیدی نبود.

علاوه بر برگزاری مسابقات والیبال او داوری بازی تنیس را هم به عهده داشت. یک‌بار در تفریحگاهی در کریمه که برای مقامات دولتی رزرو شده بود، داور مسابقه میان ژنرال سروف و رئیس کا گ ب شد. هروقت ژنرال به خطای

برخورد توپ به تور یا خط اعتراض می‌کرد دمیتری خوشحال از قدرت موقتی که داشت دستور می‌داد: «با داور بحث نکنید.» این یکی از گفت‌وگوهایش با دولت بود که خیلی از آن خوشش می‌آمد.

ایا دمیتری ساده‌لوح بود؟ البته، اما آن‌قدر به تهدیدها، ارعاب‌ها و سوءاستفاده‌های خبیثانه عادت کرده بود که به کلمات تحسین‌آمیز و خوشایند شک می‌کرد. او تنها آدم ساده‌لوح هم نبود. وقتی نیکیتای چوب بلالی کیش شخصیت[108] را محکوم کرد، وقتی خطاهای استالین رو شد و بعضی از قربانیان او پس از مرگش اعاده‌ی‌حیثیت کردند، وقتی مردم شروع کردند به برگشتن از اردوگاه‌ها و وقتی «یک روز از زندگی ایوان دنیسوویچ» منتشر شد، چطور ممکن بود مردان و زنان امیدوار نشوند؟ مهم نبود که واژگونی استالین به معنای بازگشت لنین باشد و این‌که تغییرات جناح سیاسی اغلب صرفاً به دور زدن حریفان بینجامد و این‌که رمان سولژنیتسین[109] به عقیده‌ی او پنهان کردن واقعیت‌ها باشد. حقیقت ده‌ها بار بدتر از این بود: بااین‌حال چطور ممکن بود مردان و زنان امیدوار نشوند یا باور نکنند که حاکمان جدید بهتر از قبلی‌ها هستند؟

البته در این‌جا بود که دست‌های چنگ‌زننده به‌طرف او دراز می‌شد. ببین دمیتری دمیتریویچ که چطور اوضاع تغییر کرده است، چطور تاج افتخار و زیور ملت به سرت گذاشته‌اند، چطور اجازه می‌دهیم به خارج از کشور سفر کنی تا جایزه بگیری و صاحب درجاتی مثل سفیر اتحاد جماهیر شوروی شوی، ببین چقدر برایت ارزش قائلیم! امیدواریم از کلبه‌ی تابستانی و راننده‌ات راضی باشی. چیز دیگری هست که نیاز داشته باشی؟ دمیتری دمیتریویچ لیوان دیگری بنوش، اتومبیلت فرار نمی‌کند. زندگی تحت فرمان دبیر اول خیلی بهتر است، قبول نداری؟

او از هر نظر می‌دید باید قبول کند. زندگی تحت فرمان او بهتر شده بود، درست مثل کسی که در زندان انفرادی به‌سر می‌برد و همبندی وارد زندانش شود و به او اجازه دهند از میله‌ها بالا رود تا هوای پاییز را استشمام کند و نگهبان دست‌کم در حضور او دیگر در سویش تف نیندازد. بله از این جهات بهتر شده بود. برای همین حزب می‌خواهد تو را در آغوش بگیرد، دمیتری دمیتریویچ. ما همه به یاد می‌آوریم که تو چطور در طول کیش شخصیت قربانی شدی اما حزب در فرآیند پرثمر انتقاد از خود حدومرزی نگذاشته است. روزهای شادتر رسیده‌اند. برای همین همه‌ی ما از تو می‌خواهیم تصدیق کنی که حزب تغییر کرده است. این خواهش بزرگی نیست، این‌طور نیست دمیتری دمیتریویچ؟

دمیتری دمیتریویچ. سال‌ها پیش قرار بود یاروسلاو دمیتریویچ باشد. تا اینکه پدر و مادرش اجازه دادند کشیشی زورگو درمورد نام او نظر دهد. می‌شود گفت که پدر و مادرش فقط می‌خواستند رفتار خوب و پرهیزکاری طبیعی را با وجود اختیار کامل از خود نشان دهند. یا می‌شود گفت که او تحت تأثیر بزدلی به دنیا آمده یا دست‌کم مسیحی شده است.

دولت برای سومین و آخرین بار گفت‌وگو با دمیتری، مردی را انتخاب کرده بود به نام پیوتر نیکولایویچ پوسپلف[110]، عضو دفتر کمیته‌ی مرکزی فدراسیون شوروی، ایدئولوژیست اصلی حزب در طول دهه‌ی چهل، سردبیر قبلی پراودا، نویسنده‌ی یکی از آن کتاب‌هایی که از زمان شاگردی رفیق تروشین، موفق به خواندنش نشده بود، چهره‌ای موجه‌نما با یکی از شش نشان لنین به سینه‌اش. پوسپلف حامی بزرگ استالین بود تا اینکه حامی بزرگ خروشچف شد. می‌توانست با فصاحت توضیح دهد که چطور شکست تروتسکی توسط استالین، لنینیسم را در اتحاد جماهیر شوروی حفظ کرده است. امروزه استالین دیگر محبوب نبود اما لنین دوباره محبوبیتش را به دست آورده بود. چرخی دیگر کافی بود تا نیکیتای چوب بلالی محبوبیتش را از دست بدهد و پس از آن چند نفر دیگر به این سرنوشت دچار شوند و آن‌وقت شاید استالین و استالینیسم دوباره برگردد، پوسپلف‌های این دنیا، مثل خرنیکف‌ها، هر تغییری را بو می‌کشند، گوششان را تیز می‌کنند و چشمشان در کمین اولین فرصت است و انگشتشان را خیس کرده در هوا می‌گیرند تا جهت باد را دریابند.

اما این اهمیتی نداشت. آنچه اهمیت داشت، وجود پوسپلف به‌عنوان شخصی بود که باید آخرین و ویرانگرترین گفت‌وگویش با دولت را از طریق او انجام می‌داد.

در ضیافتی که دمیتری فقط به این دلیل شرکت کرده بود که دست از سرش برنمی‌داشتند، پوسپلف او را کناری کشید و اعلام کرد: «خبرهای خیلی خوبی دارم. نیکیتا سرگیویچ شخصاً پیشنهاد کرده تو را به‌عنوان رئیس فدراسیون اتحادیه‌ی آهنگ‌سازان منصوب کنند.»

دمیتری ناخودآگاه جواب داد: «افتخار بسیار بزرگی است.»

«اما چنین افتخاری را نمی‌شود از طرف دبیر اول رد کرد.»

«من شایسته‌ی چنین افتخاری نیستم.»

«شاید وظیفه‌ی تو نباشد که درمورد شایستگی‌ات قضاوت کنی. نیکیتا سرگیویچ در این مورد صلاحیت بیشتری نسبت به تو دارد.»

«متأسفانه نمی‌توانم بپذیرم.»

«دمیتری دمیتریویچ، افتخارات بزرگی از سراسر دنیا را پذیرفته‌اید که ما از آن خوشحالیم. ازاین‌رو نمی‌توانم درک کنم که چطور می‌توانید پیشنهادی از طرف سرزمین مادری‌تان را رد کنید.»

«متأسفم که وقت زیادی ندارم. من آهنگ‌سازم نه رئیس.»

«وقت زیادی از شما نمی‌گیرد. ما مراقب خواهیم بود.»

«من آهنگ‌سازم نه رئیس.»

«شما بزرگ‌ترین آهنگ‌ساز معاصر ما هستید. همه به آن اذعان دارند. سال‌های سختی‌تان گذشته است. برای همین این موضوع خیلی اهمیت دارد.»

«متوجه حرف‌هایتان نمی‌شوم.»

«دمیتری دمیتریویچ، ما همه می‌دانیم که در زمان کیش شخصیت دچار چه مسائلی شده‌اید. بااین‌حال با اجازه باید بگویم که شما از همه بیشتر مورد حمایت قرار گرفتید.»

«مطمئن باشید خودم چنین احساسی نداشتم.»

«برای همین خیلی مهم است که ریاست را بپذیرید، تا نشان دهید که دوران کیش شخصیت به‌سرآمده است. واضح‌تر بگویم، دمیتری دمیتریویچ، تغییراتی که تحت فرمان دبیر اول صورت می‌گیرد، در صورتی‌که بخواهد مصون بماند، باید تحت حمایت اعلام‌ها و انتصاب‌های عمومی مثل همین یکی قرار گیرد.»

«همیشه باعث خوشحالی است که نامه‌ای را امضا کنم.»

«می‌دانید که منظور من این نیست.»

دمیتری باز هم تکرار کرد: «من شایستگی‌اش را ندارم.» و افزود: «من کنار دبیر اول کرمی بیشتر نیستم.»

شک داشت که پوسپلف متوجه کنایه شده باشد چون داشت ناباورانه ریشخند می‌زد. «مطمئنم می‌توانیم از پس تواضع ذاتی‌تان برآییم، دمیتری دمیتریویچ، اما باید زمانی دیگر بیشتر در این‌باره حرف بزنیم.»

هر روز صبح به‌جای نیایش دو شعر از یفتوشنکو [111] برای خود می‌خواند. یکی از آن‌ها «پیشه» بود که توصیف می‌کرد چگونه زندگی زیر سایه‌ی دولت هدایت می‌شود:

در زمان گالیله، دانشمندی بود همیار
که احمق‌تر از گالیله نبود
می دانست که زمین می‌گردد
اما خانواده‌ای هم داشت که باید شکمشان را سیر می‌کرد.

این شعر در مورد وجدان بود و رنج:

اما زمانه راه و رسم خود را دارد

تا به نمایش بگذارد، سرسخت‌ترها باهوش‌ترین‌اند.

آیا این گفته درست بود؟ او هرگز نمی‌توانست مطمئن باشد. شعر با نشان دادن تفاوت میان بلندپروازی و صداقت هنری تمام می‌شد:

پس باید دنبال پیشه‌ی خود بروم

برای این منظور پیشه‌ای را دنبال نمی‌کنم

این ابیات هم به او آرامش داد هم به شکش انداخت. با وجود همه نگرانی‌ها و ترس‌ها و نزاکت لنینگرادیش در اصل مرد سرسختی بود که سعی داشت حقیقت را آن‌طور که خود دیده بود، در موسیقی دنبال کند.

اما «پیشه» اساساً مربوط به وجدان بود و وجدان، خودش، او را محکوم می‌کرد. پس بااین‌همه، وجدان چه سودی دارد، غیر از این‌که مثل زبان که دندان‌ها را برای یافتن پوکی می‌جوید، دنبال نقاط ضعف، دنبال دورویی و بزدلی و خودفریبی می‌گردد؟ وقتی دو ماه یک بار نزد دندانپزشک می‌رفت چون همیشه می‌ترسید مشکلی در دهانش وجود داشته باشد، آن‌وقت وجدانش را هر روز بررسی می‌کرد چون همیشه می‌ترسید مشکلی در روحش باشد. خیلی چیزها بود که خود را به‌خاطرش سرزنش می‌کرد: اعمال ناشی از غفلت، کمبودها، سازش‌ها و نقدینه خراجی که به سزار داده بود. بعضی وقت‌ها خود را هم گالیله می‌دید، هم آن دانشمند همیار، همانی که باید شکم‌هایی را سیر می‌کرد. او همان‌قدر شجاعت داشت که ذاتش اجازه می‌داد، اما وجدان همیشه می‌گفت، شجاعت بیشتری می‌شد نشان داد.

در هفته‌های بعد دمیتری امیدوار بود و تلاش می‌کرد تا پوسپلف را نبیند اما او باز هم شبی از میان گپ و ریا و لیوان‌های پر به‌طرف او آمد.

«خب، دمیتری دمیتریویچ، درموردش فکر کردید؟»

«آه، همان‌طور که گفتم من واقعاً شایستگی این مقام را ندارم.»

«من موافقت شما را برای فکر کردن جدی در مورد ریاست انتقال داده‌ام و به نیکیتا سرگیویچ گفته‌ام که تنها مانع تواضع شماست.»

دمیتری مکثی کرد تا درمورد تحریف گفت‌وگوی پیشینشان فکر کند اما پوسپلف عجله داشت.

«بگذر دمیتری دمیتریویچ، بگذر. بعضی وقت‌ها تواضع به خرج دادن بیهوده است. ما روی پذیرفتن شما حساب می‌کنیم و شما خواهی پذیرفت. البته همان‌طور که هر دو می‌دانیم ریاست فدراسیون اتحادیه‌ی آهنگ‌سازان اتحاد

جماهیر شوروی، هدف اصلی نیست. برای همین تردید شما را کاملاً درک می‌کنم، اما همه ما به توافق رسیده‌ایم که دیگر وقتش رسیده است.»

«وقت چه رسیده؟»

«خب، نمی‌شود که رئیس اتحادیه شوی ولی به حزب ملحق نشده باشی. این خلاف همه‌ی قوانین اساسی است. البته خودتان می‌دانید. برای همین هم تردید داشتید، اما من به شما اطمینان می‌دهم هیچ مانعی سر راهتان نخواهد بود. واقعاً چیزی بیشتر از امضای فرم عضویت نیست. ما بقیه‌اش را حل می‌کنیم.»

دمیتری احساس کرد ناگهان همه نفسش را از بدن بیرون کشیده‌اند. چطور و چرا متوجه این نشده بود؟ در طول آن‌همه سال وحشت، توانسته بود بگوید دست‌کم سعی نکرده است با عضو شدن در حزب، اوضاع را برای خود آسان‌تر کند. و حالا سرانجام بعدازاین‌که وحشت بزرگ از بین رفته بود آن‌ها سراغ روحش آمده بودند.

سعی کرد قبل از پاسخ دادن خود را جمع‌وجور کند اما باز هم آنچه را می‌خواست، ناگهان از دهانش بیرون پرید.

«پیوتر نیکولایویچ، من کاملاً ناشایسته‌ام، کاملاً نامناسبم. من طبع سیاسی ندارم. باید اعتراف کنم هرگز به‌درستی اصول اولیه‌ی مارکسیسم ـ لنینیسم را نفهمیده‌ام. در حقیقت، آن‌ها یک بار برای من معلم گرفتند، رفیق تروشین و من از روی انجام‌وظیفه همه‌ی کتاب‌هایی را که داده بودند خواندم. تا آن‌جا که یادم می‌آید که شما هم جزوش بود اما چنان پیشرفت کندی داشتم که متأسفانه باید صبر کنم تا معلوماتم را بالاتر ببرم.»

«دمیتری دمیتریویچ، همه‌ی ما آن بداقبالی را می‌دانیم و با اجازه باید بگویم که گرفتن معلم سیاسی کاری غیرضروری بوده است. بسیار تحقیرکننده و از ویژگی‌های زندگی زیر لوای کیش شخصیت. نتایج زیادی نشان می‌دهد که زمانه تغییر کرده و اعضای حزب دیگر نیستند دانش عمیقی از فرضیه‌ی سیاسی داشته باشند. این روزها تحت حکومت نیکیتا سرگیویچ همه‌ی ما آزادانه‌تر نفس می‌کشیم. دبیر اول هنوز جوان است و نقشه‌هایش تا سال‌ها ادامه خواهد داشت. برای ما مهم است که دیگران ببینند شما این راه‌ها، این آزادی تازه را برای نفس کشیدن تأیید می‌کنید.»

دمیتری بی‌شک در آن موقع چندان احساس آزادی برای نفس کشیدن نمی‌کرد و به بهانه‌ی دیگری متوسل شد.

«پیوتر نیکولایویچ، واقعیت این است که من اعتقادات خاص مذهبی دارم که تا آن‌جا که می‌دانم کاملاً با عضویت در حزب تطابق ندارد.»

»اعتقاداتی که سال‌هاست عاقلانه برای خود نگه‌شان داشته‌اید، البته که اعتقاداتی دارید و از آنجایی که آن‌ها را کسی نمی‌داند مشکلی نیست که ما بخواهیم با آن مقابله کنیم. لازم نیست برای این منظور برایتان معلم بگیریم... چطور بگویم، کار غیرمتعارف از مد افتاده‌ای است.»

دمیتری با سرخوشی جواب داد: »سرگئی سرگیویچ پروکوفیف دانشمندی مسیحی بود.» ولی می‌دانست اصلاً جای گفتن این حرف نیست. سپس پرسید: »منظورتان این نیست که می‌خواهید کلیساها را دوباره باز کنید؟»

»نه، این را نمی‌گویم، دمیتری دمیتریویچ، اما البته حالا که فضا بهتر شده چه کسی می‌داند که به‌زودی درمورد چه موضوعی بحث خواهیم کرد؟ آزادیم با عضو برجسته و جدید حزبمان تبادل نظر کنیم.»

مسیر حرف را از موضوعات معنوی به موضوعات خاص کشاند و گفت: »باز هم اگر اشتباه می‌کنم مرا تصحیح کنید، اما هیچ دلیل قانع‌کننده‌ای وجود ندارد که چرا رئیس اتحادیه باید عضو حزب هم باشد.»

»خب امکان ندارد که نباشد.»

»بااین‌حال کنستانتین فدین و لئونید سوبلف در اتحادیه‌ی نویسندگان مقام بالایی داشتند ولی عضو حزب نبودند.»

»درست است، اما چه کسی اسم فدین و سوبلف را در مقایسه با اسم شوستاکوویچ شنیده است؟ جای بحث ندارد. شما مشهورترین و نامدارترین آهنگ‌ساز ما هستید. غیرقابل‌تصور است که رئیس اتحادیه باشید ولی عضو حزب نباشید. از آن گذشته، نیکیتا سرگیویچ نقشه‌هایی برای پیشرفت آتی موسیقی در اتحاد جماهیر شوروی دارد.»

دمیتری که حدس می‌زد چه خبر است، پرسید: »چه نقشه‌هایی؟ هیچ خبری در این مورد نخوانده‌ام.»

»البته که نخوانده‌اید. چون از شما دعوت کرده‌ایم به کمک کمیته مورد نظر بیایید تا این نقشه‌ها را طراحی کنید.»

»من نمی‌توانم عضو حزبی بشوم که موسیقی مرا ممنوع کرده است.»

»کدام موسیقی شما ممنوع است، دمیتری دمیتریویچ؟ ببخشید که من...»

»لیدی مکبث اهل متسنسک. ابتدا در حکومت کیش شخصیت و دوباره بعد از فروپاشی حکومت کیش شخصیت ممنوع شد.»

پوسپلف با نرمی گفت: »بله، متوجه این مشکل هستم، اما بگذارید به‌عنوان یک مرد عمل با مرد عمل دیگری حرف بزنم. بهترین راه، ممکن‌ترین راه برای

شما که بتوانید اپرایتان را اجرا کنید این است که وارد حزب شوید. در این دنیا باید چیزی را از دست داد تا چیزی به دست آورد.»

فریب‌کاری مرد، دمیتری را به خشم آورده بود. برای این‌که به بحث خاتمه دهد گفت: «پس بگذارید من هم مانند مرد عمل به شما پاسخ دهم. همیشه گفته‌ام و این یکی از اصول اساسی زندگی من است که من هرگز عضو حزبی نمی‌شوم که قاتل است.»

پوسپلف بی‌درنگ گفت: «اما منظور من هم دقیقاً همین است، دمیتری دمیتریویچ. ما، یعنی حزب تغییر کرده است. این روزها دیگر کسی کشته نمی‌شود. می‌توانید کسی را نام ببرید که در حکوت نیکیتا سرگیویچ کشته شده باشد؟ فقط یک نفر؟ بر عکس، قربانیان حکومت کیش شخصیت دارند به زندگی طبیعی برمی‌گردند. آن‌هایی را که پاکسازی شده بودند اعاده‌ی‌حیثیت می‌شوند. لازم است این کار را ادامه دهیم. نیروهای اردوی عکس‌العمل همیشه حاضرند و نباید آن‌ها را دست‌کم گرفت. برای همین به کمک شما نیاز داریم تا به اردوی پیشرفت ملحق شوید.»

دمیتری خسته از این برخورد آنجا را ترک کرد. سپس ملاقات دیگری صورت گرفت و یکی دیگر. به نظر می‌آمد هرجا می‌رفت پوسپلف هم آنجا بود، لیوان در دست و در حال آمدن به سوی او. حتی وارد خواب‌هایش شده بود، همیشه با آرامش و لحنی منطقی او را به مرز دیوانگی می‌کشاند. هیچ‌چیز نمی‌خواست غیر از این‌که تنهایش بگذارند. موضوع را با گلیکمن در میان گذاشت اما به خانواده‌اش چیزی نگفت. زیاد می‌نوشید و نمی‌توانست کار کند، اعصابش خرد شده بود. چه چیزهایی را که در طول زندگی‌اش تحمل نمی‌کرد. سال 1936، 1948، 1960. هر دوازده سال سراغ او آمده بودند و هر بار سال کبیسه بود.

«نمی‌توانست با خودش زندگی کند.» این جمله کاملاً درست بود. آدم زیر فشار دولت، خرد می‌شود و می‌شکند. بزدل دولتی با قهرمان ملی زندگی می‌کند. یا برعکس. یا طبیعی‌تر است بگوییم، بزدل دولتی با بزدل ملی زندگی می‌کند، اما این زیادی ساده‌اندیشانه است: تصویر مردی که با تبر به دو نیم می‌شود. بهترش این است: مردی که می‌شکند و به صدها خرده سنگ تبدیل می‌شود، بیهوده تلاش می‌کند که به یاد آورد چطور خرده‌هایش روزی به هم چسبیده بودند.

دوستش اسلاوا روستروپویچ می‌گفت، هر چه استعداد هنرمندی بیشتر باشد، بهتر می‌تواند ظلم و جور را تاب بیاورد. شاید این گفته درمورد دیگران صدق می‌کرد، به‌خصوص درمورد اسلاوا که در هر شرایطی طبعی خوش‌بین

داشت، جوان‌تر بود و نمی‌دانست دهه‌های قبل چطور گذشته است، یا نمی‌دانست وقتی روح و اعصابت بشکند چه می‌شود. وقتی اعصابت را از دست بدهی نمی‌توانی جایش سیم ویولن بگذاری. در اعماق روحت چیزی کم است و تمام آنچه برایت باقی مانده... چیست؟ نیرنگی مدبرانه، توانایی بازی کردن نقش هنرمندی غیردنیوی و عزمی جزم برای حمایت از موسیقی و خانواده‌ات به هر قیمت. سرانجام دمیتری با روحیه‌ای بی‌رنگ و بی‌اراده که نمی‌شد آن را روحیه نامید، فکر کرد شاید این بهایی است که این روزها باید بپردازد.

به‌این‌ترتیب تسلیم پوسپلف شد، همان‌گونه که مردی در حال احتضار تسلیم کشیش می‌شود، یا خائنی مست تسلیم جوخه‌ی اعدام. البته وقتی ورقه‌ای را که جلویش گذاشتند امضا کرد به فکر خودکشی هم افتاد، اما از آنجایی که دیگر خودکشی اخلاقی کرده بود دیگر فایده‌ی خودکشی فیزیکی چه می‌توانست باشد؟ مشکلش دیگر حتی فقدان شجاعت برای خریدن قرص و پنهان کردن و بلعیدن آن نبود. حالا مشکل در این مقطع بزرگ‌تر شده بود. دیگر حتی فاقد عزت نفسی بود که خودکشی نیاز داشت.

اما آن‌قدر بزدل بود که فرار کند، مثل همان پسرکی که وقتی به کلبه جرگنسن نزدیک می‌شدند خود را از چنگ مادرش رها کرد. او فرم عضویت در حزب را امضا کرد سپس به لنینگراد گریخت و در خانه خواهرش پنهان شد. آن‌ها می‌توانستند روحش را بدزدند اما جسمش را خیر. آن‌ها می‌توانستند اعلام کنند آهنگ‌ساز برجسته ثابت کرد کِرمی واقعی است و به حزب پیوست تا به نیکیتای چوب بلالی کمک کند نقشه‌های عالی‌اش را درباره‌ی آینده‌ی موسیقی شوروی، چنانچه تابه‌حال عملی نشده، پیش ببرد، اما باید مرگ اخلاقی او را بدون وجود خودش اعلام می‌کردند. او پیش خواهرش می‌ماند تا همه‌ی این‌ها تمام شود.

تلگرام‌ها از راه می‌رسیدند. اعلام رسمی در مسکو در تاریخ فلان و فلان انجام خواهد شد. حضور او الزامی خواهد بود. با خودش فکر کرد، مهم نیست، در لنینگراد می‌مانم و اگر آن‌ها می‌خواهند در مسکو باشم باید دست و پایم را ببندند و مرا تا آن‌جا بکشند. بگذار دنیا ببیند که آن‌ها چطور اعضای جدید حزب را به خدمت می‌گیرند؛ آن‌ها را در کیسه می‌کنند و مثل گونی پیاز می‌برندشان.

اما او مثل خرگوشی وحشت‌زده بسیار ساده‌لوح بود. تلگرامی فرستاد و اعلام کرد، حالش خوب نیست و متأسفانه نمی‌تواند در مراسم اعدام خودش شرکت کند. آن‌ها هم جواب دادند پس صبر می‌کنند تا حالش بهتر شود. درضمن معلوم بود که این خبر در سراسر مسکو پخش شده است. دوستان و

روزنامه‌نگاران تلفن می‌کردند. از کدامیک بیشتر می‌ترسید؟ به‌این‌ترتیب، از سرنوشت گریزی نیست. او به مسکو برگشت و یک بار دیگر بیانیه‌ای از پیش آماده شده را با صدای بلند خواند و اعلام کرد که او برای عضویت حزب اقدام کرده و تقاضایش مورد قبول واقع شده است. به نظر می‌رسید دولت شوروی سرانجام تصمیم گرفته از او خوشش بیاید و او هرگز آغوشی از این ناخوشایندتر را احساس نکرده بود.

وقتی با نینا واسیلیونا ازدواج کرد، از دادن خبر به مادرش خیلی می‌ترسید. وقتی به حزب پیوست از گفتن این خبر به فرزندان می‌ترسید. مرز بزدلی در زندگی او مستقیم و واقعی بود.

ماکسیم فقط دو بار پدرش را در حال گریه کردن دید: وقتی نینا مرد و وقتی او به حزب پیوست.

به‌این‌ترتیب او بزدل بود. مثل سنجابی روی چرخ دور خود می‌چرخید. باید همه‌ی شجاعت باقیمانده‌اش را صرف موسیقی‌اش می‌کرد و بزدلی‌اش را صرف زندگی، اما نه، همه‌ی این‌ها خیلی آسان بود. به‌عبارتی باید گفت: آه، ببخشید، اما می‌بینید من بزدلم، واقعاً نمی‌شود کاریش کرد، عالی‌جناب، رفیق، پیشوای بزرگ، دوست قدیمی، همسر، دختر، پسر. این پیچیدگی اوضاع را کم می‌کند و زندگی همیشه دنبال سادگی است. به‌طور مثال، او از قدرت استالین وحشت داشت اما از خود استالین نمی‌ترسید، نه پای تلفن، نه رودررو. برای مثال می‌توانست وساطت دیگران را بکند اما هرگز جرئت این کار را برای خودش نداشت. گاهی از خودش تعجب می‌کرد. شاید آن‌قدرها هم که فکر می‌کرد ناامید نبود.

اما بزدل بودن کار ساده‌ای نبود. قهرمان بودن آسان‌تر بود. برای قهرمان بودن فقط باید یک لحظه شجاعت به خرج دهی، تفنگت را بیرون بکشی، بمب را بیندازی، ماشه را بکشی تا از شر استبداد و بعد از شر خودت خلاص شوی، اما برای بزدل بودن باید پیشه‌ای در پیش بگیری که یک عمر دوام می‌آورد. نمی‌توانی راحت شوی. باید موقعیت بعدی را پیش‌بینی کنی که چطور بهانه بیاوری، درنگ کنی، عقب بکشی و خودت را با حس چکمه‌های چرمی و افتادنت به خاک و خوار شدنت آشنا کنی. برای بزدل بودن باید سرسخت و استوار بود و با تغییر، مخالفت کرد که خود به‌نوعی شجاعت محسوب می‌شد. دمیتری لبخندی تحویل خود داد و سیگاری روشن کرد. لذت این کنایه هنوز ترکش نکرده بود.

دمیتری دمیتریویچ شوستاکوویچ به حزب کمونیست اتحاد جماهیر سوسیالیست شوروی پیوسته است. نمی‌شود، چون هرگز نشده است. این را سرگرد هم گفت، وقتی زرافه را دید، اما می‌شود و شده است.

دمیتری همه‌ی عمرش عاشق فوتبال بود. همیشه رؤیای این را داشت که برای فوتبال سرودی بسازد. او داوری شایسته بود. دفترچه‌های ویژه‌ای داشت که در آن نتایج بازی‌ها را نوشته بود. در روزهای جوانی طرف‌دار دینامو بود و یک بار هزاران کیلومتر تا تفلیس پرواز کرد تا مسابقه‌ای را تماشا کند. نکته این‌جا بود: وقتی اتفاق می‌افتد باید آن‌جا باشی، میان جمعیتی که همه با هم دیوانه‌وار فریاد می‌کشند. این روزها مردم فوتبال را از تلویزیون تماشا می‌کردند. به نظر دمیتری مثل این بود که به‌جای شربتی اعلا، آب معدنی بنوشی.

فوتبال خالص بود برای همین از اول دوستش داشت. دنیایی بود ساخته شده از تلاشی صادقانه و لحظات زیبایی که درست و غلط آن در یک لحظه با سوت داور تعیین می‌شد. همیشه احساس می‌کردی از دولت و ایدئولوژی و سخن بیهوده و به تاراج بردن روح انسان فاصله دارد. فقط آرام‌آرام، سال به سال بیشتر متوجه این می‌شد که چنین تفکری فقط مال اوست و فقط آرامان‌گرایی احساسی او درمورد این بازی است. دولت از فوتبال هم مثل هر چیز دیگر به نفع خود استفاده می‌کرد. درنتیجه، اگر جامعه‌ی شوروی بهترین و پیشرفته‌ترین در دنیا بود، آن‌وقت فوتبال شوروی هم باید این را منعکس می‌کرد. اگر همیشه نمی‌توانست بهترین باشد، دست‌کم باید بهتر از فوتبال ملت‌هایی می‌شد که خبیثانه راه راست مارکسیسم ـ لنینیسم را رها کرده بودند.

المپیک 1952 در هلسینکی را به یاد آورد که اتحاد جماهیر شوروی با یوگسلاوی، ملک خصوصی تیتوی جنایت‌کار، گشتاپوی تغییر چهره داده، بازی کرده بود. علی‌رغم وحشت و ناباوری عمومی، یوگسلاوی سه به یک شوروی را برد. همه انتظار داشتند دمیتری از این نتیجه اندوهگین شود. او خبر را از اخبار صبح زود رادیو در کوماروو ا شنید. به‌جای اندوه به کلبه گلیکمن دوید و با هم ته یک بطری نوشیدنی را درآوردند.

اما فقط نتیجه‌ی بازی نبود که اهمیت داشت، بلکه نمونه‌ای از فسادی بود که زیر سلطه‌ی استبداد همه چیز را فراگرفته بود. باشاشکین و بوبروف، هر دو در اواخر دهه‌ی بیست عمرشان، هر دو دلاوران تیم بودند. آناتولی باشاشکین، کاپیتان و دفاع میانه‌ی زمین، و بوبروف سیولد[112]، زننده‌ی پنج گل در یک بازی اول تیم. در باخت به یوگسلاوی، یکی از گل‌های تیم مقابل به‌خاطر اشتباه

احمقانه‌ی باشاشکین بود و این حقیقت داشت. بابروف هم در زمین و هم بعد از آن سر او فریاد کشیده بود، «نوکر تیتو!»

همه در پاسخ به این گفته، دست زده بودند که مسخره است اگر فکر کنیم پیامدهای چنین تهمت‌هایی را نمی‌دانستند. همه می‌دانستند که بابروف بهترین دوست واسیلی، پسر استالین است. نوکر تیتو در برابر بابروف میهن‌پرست بزرگ. این مسخره‌بازی حالش را به هم می‌زد. باشاشکین نجیب از کاپیتانی عزل شد و بابروف ادامه داد تا به قهرمان ملی ورزش تبدیل شد.

نکته این بود: برای خیلی از مردم، برای پیانیست‌ها و آهنگ‌سازان جوان، برای خوش‌بین‌ها، آرمان‌گراها و آن‌ها که که نامشان لک‌دار نشده بود، دمیتری دمیتریویچ شوستاکوویچ بعد از اقدامش برای پیوستن به حزب و قبول شدنش چطور به نظر می‌رسید؟ نوکر خروشچف؟

راننده برای اتومبیلی که به نظر می‌رسید به‌طرف آن‌ها می‌آید بوق زد. آن هم در جواب بوق زد. از این دو صدا چیزی غیر از همهمه‌ی مکانیکی چیز دیگری نمی‌شد ساخت، اما دمیتری می‌توانست از ادغام و همسازی بیشتر صداها چیزی بسازد. در سمفونی دومش چهار نفیر سوت کارخانه‌ای در گام فادیز گنجانده بود.

دمیتری عاشق ساعت‌های پاندولی بود. چند تایی از آن‌ها داشت و دلش می‌خواست خانه‌ای داشته باشد که در آن همه‌ی ساعت‌های پاندولی با هم به صدا درآیند. آن‌وقت ترکیب زیبای صداها، فضای محلی و داخلی جاهایی شبیه شهرهای روسیه‌ی کهن را مجسم می‌کرد که در آن زنگ همه‌ی کلیساها باهم به صدا درمی‌آمد. با فرض این‌که اصلاً همه‌ی زنگ‌ها با هم صدا می‌کردند از آن‌جایی که در روسیه بودند، بعضی زنگ‌ها کند و بعضی تند می‌زدند.

در آپارتمان مسکو، دو ساعت داشت که هر دو در یک لحظه به صدا درمی‌آمدند. این از روی تصادف نبود. یکی دو دقیقه قبل، رادیو را روشن می‌کرد. گالیا در اتاق غذاخوری، در ساعت دیواری را باز و پاندول را با یک انگشت نگه می‌داشت. دمیتری در اتاقش همین کار را با ساعت رومیزی می‌کرد. وقتی صدای ساعت در رادیو به صدا در می‌آمد هر دو، پاندول‌ها را رها می‌کردند و ساعت‌ها همساز می‌شدند. دمیتری از چنین نظمی همیشه لذت می‌برد.

یک بار به‌عنوان میهمان سفیر پیشین بریتانیا در مسکو، به دیدن کمبریج انگلستان رفته بود. در خانه سفیر دو ساعت پاندولی بود که با یکی دو دقیقه، تفاوت حضور خود را اعلام می‌کردند. این موضوع دمیتری را آزار می‌داد. پیشنهاد کرد به روشی که خودش با گالیا استفاده می‌کردند، ساعت‌ها را تنظیم

کنند. سفیر مؤدبانه تشکر کرد اما گفت، ترجیح می‌دهد ساعت‌ها با فاصله به صدا در آیند، تا اگر صدای اولی را به‌طور دقیق نشنیدی بدانی که دومی هم به‌زودی به صدا در می‌آید آن‌وقت مطمئن خواهی شد که ساعت سه است یا چهار. دمیتری گفت، بله، البته متوجه می‌شود، اما هنوز ناراحت بود. دلش می‌خواست همه چیز با هم به صدا در آید. این سرشت بنیادین او بود.

دمیتری همچنین عاشق شمعدانی‌های چند شاخه بود، چلچراغ‌هایی که شمع‌های واقعی داشتند نه لامپ‌های برقی و جاشمعی‌هایی که شمع‌های تکی در آن سوسو می‌زدند. از آماده کردن آن‌ها هم لذت می‌برد. دقت می‌کرد که همه‌ی شمع‌ها راست بایستند. از قبل همه را با کبریت روشن می‌کرد و بعد همه را با هم فوت می‌کرد تا در لحظه‌ی دلخواه شمع‌ها راحت‌تر روشن شوند. روز تولدش، هر شعله نشان‌دهنده‌ی یک سال عمرش بود. دوستان می‌دانستند بهترین هدیه‌ای که باید بیاورند چیست. خاچاتوریان یک بار یک جفت جاشمعی چند شاخه‌ی باشکوهی از جنس برنز با آویزهای کریستال آورد.

خلاصه او مردی عاشق ساعت‌های پاندولی و چلچراغ‌های شمعی بود. از زمان جنگ میهن‌پرستانه‌ی بزرگ ماشین شخصی، راننده و کلبه‌ی تابستانی داشت. همه‌ی عمرش خدمتکاران کارهایش را می‌کردند. او عضو حزب کمونیست و قهرمان کارگران سوسیالیست بود. او در طبقه‌ی هفتم ساختمان اتحادیه‌ی آهنگ‌سازان در خیابان نژدانوا زندگی می‌کرد. از زمانی که معاون فدراسیون روسیه بود فقط مجبور شد دو یادداشت برای مدیر سینمای محلی از طرف ماکسیم بنویسد تا بی‌درنگ دو بلیت هدیه بگیرد. او به فروشگاه‌های مخصوص افراد متنفذ دسترسی داشت. او عضوی از کمیته‌ی برنامه‌ریزی برای تولد هفتاد سالگی استالین بود. نام او اغلب زیر تأییدیه‌ی سیاست حزب در امور فرهنگی دیده می‌شد. در تصاویر همیشه در حال خوش‌وبش با نخبگان سیاسی بود. همچنان او را مشهورترین آهنگ‌ساز روسیه می‌شناختند.

آن‌ها که او را می‌شناختند، که می‌شناختند. آن‌ها که گوش موسیقی داشتند می‌توانستند آهنگ‌هایش را بشنوند، اما به چشم آن‌هایی که او را نمی‌شناختند، به چشم جوانانی که سعی می‌کردند از کار دنیا سر دربیاورند چطور می‌آمد؟ چطور ممکن بود درمورد او قضاوت نکنند؟ حالا برای خودِ جوانش، چطور به نظر می‌رسید، ایستاده کنار خیابان مثل صورتی وحشت‌زده در اتومبیلی رسمی که با سرعت می‌گذرد؟ شاید این هم یکی از آن نمایش‌های اندوهناکی است که زندگی برای ما طرحش را ریخته است: این سرنوشت ماست که در زمان پیری آن چیزی شویم که در جوانی از آن نفرت داشته‌ایم.

دمیتری طبق دستور در جلسات حزب شرکت می‌کرد. در طول سخنرانی‌های بی‌پایان فکرش همه‌جا پرواز می‌کرد و فقط وقتی بقیه کف می‌زدند او هم کف می‌زد. یک بار دوستی از او پرسید چرا برای سخنانی کف زده که در آن خرنیکف بی‌رحمانه از او انتقاد کرده است. آن دوست فکر می‌کرد دمیتری خواسته جوابش را با کنایه بدهد یا خود را تحقیر کند، اما واقعیت این بود که او اصلاً گوش نمی‌داد.

آن‌ها که او را نمی‌شناختند و موسیقی را از دور دنبال می‌کردند احتمالاً مشاهده کرده بودند که دولت، سهمی را که پوسپلف پیشنهاد می‌دهد به نفع خودش نگه می‌دارد. دمیتری دمیتریویچ شوستاکوویچ را در کلیسای مقدس حزب پذیرفته بودند و کمی بیش از دو سال بعد، اپرایش، که حالا «کاترین ایزمایلوا» نام گرفته بود، تصویب شد و در مسکو به نمایش در آمد. پراودا، ریاکارانه، نوشت که این اثر در طول کیش شخصیت به‌طور ناعادلانه‌ای رد شده بود.

تولیدات دیگری هم در داخل کشور و خارج از آن در پی‌اش آمدند. هر بار تصور می‌کرد اپراهایی که نوشته است شاید آن بخشی از وجودش را که نکشته بودند نشان دهد. می‌توانست نه‌تنها داستان «دماغ» گوگول بلکه دیگر داستان‌هایش را هم بسازد. یا دست‌کم داستان «تصویر» را که مدت‌ها او را سرگرم و آشفته کرده بود. داستان درمورد نقاش جوان با استعدادی بود به نام چارتکف که روحش را به شیطان فروخت و در عوض کیسه‌ای از سکه‌های طلا گرفت: معاهده‌ی فاوستی که موفقیت و رونق به بار آورد. کارنامه‌ی کاری‌اش مثل کارنامه‌ی رفیق هنرمندش بود که مدت‌ها پیش به ایتالیا رفته بود تا کار کند و درس بخواند، بی‌نقصی و همان اندازه گمنام. وقتی سرانجام از خارج برمی‌گردد، یک تصویر را به نمایش می‌گذارد. همان یک تصویر تمام آثار چارتکف را نشان می‌دهد و چارتکف این را می‌داند. نتیجه‌ی اخلاقی داستان این است: «آن‌که استعداد دارد باید روح پاک‌تری نسبت به دیگران داشته باشد.»

در داستان «تصویر» دو انتخاب واضح وجود داشت: بی‌نقصی یا فساد. بی‌نقصی مانند بکارت است؛ وقتی از دست برود دیگر باز نمی‌گردد، اما در دنیای واقعی به‌خصوص در آن وسعتی که او زندگی کرده است اوضاع این‌طور نبود. انتخاب سومی هم وجود داشت: بی‌نقصی و فساد. می‌توانی هم چارتکف باشی هم آن همتای فاسدش. دقیقاً مثل این‌که هم گالیله باشی هم دوست دانشمندش.

در دوران تزار نیکولاس اول، سواره نظامی دختر ژنرالی را می‌دزدد. بدتر یا بهتر این‌که با او ازدواج می‌کند. ژنرال به تزار شکایت می‌برد. نیکولاس

مسئله را این‌طور حل می‌کند که ابتدا حکم می‌دهد، ازدواج باطل و فاقد اعتبار است؛ دوم این‌که بکارت دختر از نظر قانونی پس گرفته شده است. همه چیز در سرزمین فیل‌ها امکان‌پذیر بود، اما بااین‌حال دمیتری فکر نمی‌کرد، حاکمی، یا معجزه‌ای وجود داشته باشد که بتواند بکارت او را برگرداند.

وقتی به عقب نگاه می‌کنی تراژدی شبیه داستان‌های خنده‌دار می‌شود. دمیتری همیشه این را می‌گفت و همیشه به آن اعتقاد داشت. وضعیت خودش هم غیر از این نبود. گاهی فکر می‌کرد زندگی‌اش مثل زندگی خیلی‌های دیگر، مثل وضعیت کشورش تراژدی‌ای بیش نبود، که شخصیت اصلی‌اش فقط می‌توانست با کشتن خود، وضعیت دشوار غیرقابل تحملش را حل کند. البته او این کار را نکرده بود. نه، او مثل شخصیت‌های شکسپیر نبود. حالا که این همه عمر کرده بود تازه زندگی خودش را به صورت نمایشی مضحک می‌دید.

وقتی به عقب برمی‌گشت، فکر می‌کرد نکند درمورد شکسپیر به ناحق قضاوت کرده باشد. او نویسنده انگلیسی را احساساتی شمرده بود زیرا مستبدان داستان‌هایش عذاب وجدان می‌گرفتند، خواب‌های بد می‌دیدند و احساس پشیمانی می‌کردند. حالا که زندگی را بیشتر تجربه کرده و همهمه‌ی زمان گوشش را کر کرده بود، فکر می‌کرد شاید شکسپیر حق داشت، شاید حقیقت همین بود، اما هر چه بود فقط به دوران خودش محدود می‌شد. در روزگاران قدیم که مذهب و جادو قدرت فراوانی داشتند، احتمال این وجود داشت که دیوها هم وجدان داشته باشند. حالا دیگر این‌طور نیست. دنیا جلو رفته است، علمی‌تر و عملی‌تر شده است و کمتر زیر یوغ خرافات قدیمی قرار دارد. مستبدان هم جلو رفته‌اند. شاید وجدان دیگر نقشی انقلابی نداشته و درنتیجه از بین رفته باشد. اگر زیر پوست مستبدان جدید نفوذ کنی، لایه به لایه جلو بروی می‌بینی که بافت دیگر تغییر نمی‌کند و مثل سنگ به هم پیوسته است و جای خالی برای وجدان باقی نمی‌گذارد.

دو سال پس از این‌که دمیتری به حزب پیوست، دوباره ازدواج کرد: آیرینا آنتانووا. پدرش، قربانی کیش شخصیت بود. خودش در یتیم‌خانه‌ای مخصوص کودکان دشمنان وطن بزرگ شده بود. حالا در بنگاه نشر موسیقی کار می‌کرد. موانعی چند، سر راه وجود داشتند: او بیست و هفت ساله بود، یعنی فقط دو سال بزرگ‌تر از گالیا و قبلاً زن پیرمرد دیگری شده بود. البته این ازدواج سوم هم مانند دو تای دیگر بدون فکر و به‌طور مخفی انجام گرفت، اما برای دمیتری بی‌سابقه بود که همسرش هم عاشق موسیقی باشد و هم اهل خانواده؛ هم پرتلاش و مؤثر باشد هم زیبا. دمیتری محجوبانه و آرام شیفته‌ی زن خود شد.

آن‌ها قول داده بودند رهایش کنند، اما هرگز این کار را نکردند. دولت همچنان با او مذاکره می‌کرد اما این مذاکره دیگر مشورت نبود، صرفاً یک‌طرفه و اساساً روزانه صورت می‌گرفت، آن هم با چرب‌زبانی، چاپلوسی و نق‌نق. این روزها دیگر صدای زنگ در شبانه به معنای افراد وزارت اطلاعات داخلی یا کا. گ. ب. یا ام. وی. دی. نبود، بلکه پیغام‌رسانی بود دقیق، حامل متن مقاله‌ای که او برای روزنامه‌ی پراودای فردا صبح نوشته بود. البته مقاله‌ای که او ننوشته بود ولی به امضای او نیاز داشت. دمیتری حتی نگاهش هم نمی‌کرد فقط امضایش را پای آن می‌انداخت. همین اتفاق برای مقاله‌های علمی می‌افتاد که منسوب به او در سوویتسکایا موزیکا چاپ می‌شد.

«معنی این کار چیست که آن‌ها همه‌ی آثار شما را چاپ کرده‌اند، دمیتری دمیتریویچ؟» «به معنی این است که ارزش خواندن ندارند.» «اما مردم معمولی فریب می‌خورند.» «من باتوجه به سنجش‌ها که نشان می‌دهد مردم معمولی همین حالا هم فریب خورده‌اند، می‌گویم که مقاله‌ی موسیقی‌شناختی‌ای که دروغ به آهنگ‌ساز نسبت داده شود، چندان اهمیتی ندارد. به نظر من اگر آن را می‌خواندم و اصلاحاتی در آن انجام می‌دادم آن‌وقت شاید بیشتر مورد سوءظن قرار می‌گرفتم.»

اما موضوع بدتری هم وجود داشت، خیلی بدتر. او متن نفرت‌انگیزی را در مخالفت با سولژنیتسین[113] امضا کرده بود، درحالی‌که این رمان‌نویس را تحسین می‌کرد و آثارش را مدام می‌خواند. سپس چند سال بعد، متن نفرت‌انگیز دیگری را در محکومیت ساخاروف امضا کرد. امضای او در کنار نام افرادی مانند خاچاتوریان، کایالفسکی و طبیعتاً خرنیکف قرار گرفت. بخشی از وجودش امیدوار بود هیچ‌کس آن را باور نکند، هیچ‌کس باورش نمی‌شد که او واقعاً با آن نوشته، موافق باشد، اما مردم باور می‌کردند. دوستان و آشنایان و همکاران موسیقی‌دان از دست دادن با او خودداری می‌کردند و رویشان را از او برمی‌گرداندند. کنایه حدومرز داشت. می‌شد متنی را امضا کنی و با ادا و اشاره بفهمانی که نیتت آن نبوده است و مطمئن باشی دیگران منظورت را می‌فهمند. او با امضای متن محکومیت چخوف به او هم خیانت کرد. به خودش هم خیانت کرد و به حسن نظر دیگرانی که هنوز از او طرف‌داری می‌کردند. دیگر خیلی عمر کرده بود.

دمیتری تخریب روح انسان را هم یاد گرفته بود. خب، زندگی، آن‌طور که می‌گفتند قدم زدن در مزرعه نبود. روح را می‌شد به سه روش تخریب کرد: با آنچه که دیگران به تو روا می‌داشتند؛ با آنچه که دیگران مجبورت می‌کردند به

خود روا داری و با آنچه خودت داوطلبانه انتخاب می‌کردی که به خود روا داری. با این‌که اگر هر سه این روش‌ها با هم انجام می‌شد نتیجه را قطعی می‌کرد اما هر یک از این سه روش هم کافی بود.

دمیتری به زندگی خودش به صورت چرخه‌ای دوازده ساله از بداقبالی نگاه می‌کرد. سال ۱۹۳۶، ۱۹۴۸، ۱۹۶۰ و... دوازده سال دیگر تا ۱۹۷۲ مانده بود، سال کبیسه‌ای دیگر و سالی که با اطمینان انتظار مرگش را می‌کشید. بی‌تردید نهایت سعیش را کرده بود. وضعیت سلامتی‌اش که هیچ‌وقت بی‌نقص نبود، حالا به نقطه‌ای رسیده بود که دیگر نمی‌توانست از پله‌ها بالا رود. نوشیدنی و سیگار را برایش ممنوع کرده بودند، چیزهایی که به‌خودی‌خود برای کشتن آدم کافی‌اند. دولت گیاه‌خوار به کمک آمد. از یک سر کشور به سر دیگر دستور می‌داد، در اجرای آغازین این اثر شرکت کن، آن جایزه را بگیر. دمیتری به دلیل سنگ کلیه، سال را در بیمارستان به پایان برد و برای از بین بردن کیستی در ریه تحت رادیوتراپی قرار گرفت. بیمار خویشتن‌داری بود. و اکنش مردم نسبت به بیماری او بیشتر از خود بیماری رنجش می‌داد. همان‌قدر که در طول عمر مورد تحسین واقع شده بود حالا مورد ترحم بود.

با این‌حال به نظر می‌رسید در کش نمی‌کنند. بداقبالی سال ۱۹۷۲ ، آن‌طور که انتظار داشت نه به‌خاطر مرگش بلکه به دلیل ادامه‌ی زندگی‌اش بود. او همه‌ی سعیش را کرده بود ولی زندگی هنوز کارش با او تمام نشده بود. زندگی همان گربه‌ای بود که طوطی را از دمش گرفته و از پله‌ها پایین می‌کشید و سر طوطی به هر پله می‌خورد.

وقتی این دوران تمام شود... اگر واقعاً این اتفاق بیفتد، دست‌کم دویست میلیارد سال دیگر گذشته است. کارلو ـ مارلو و جانشینان آن‌ها همیشه تضادهای درونی سرمایه‌داری را محکوم می‌کردند و این باید به‌طور حتم و طبق منطق آن را از بین می‌برد، ولی سرمایه‌داری هنوز هم استوار ایستاده بود. هرکسی که چشم بینا داشت از تضادهای درونی کمونیسم آگاه بود، اما چه کسی می‌دانست که آیا می‌شود با این آگاهی آن را به زیر کشید. دمیتری هم مطمئن بود که اگر آن دوران به‌سر برسد مردم خلاصه‌ی وقایعی را می‌خواهند که اتفاق افتاده است. خب، این حق آن‌ها بود.

به‌قول معروف، یکی برای شنیدن، یکی برای به یاد آوردن و یکی برای نوشیدن لازم بود. دمیتری شک داشت بتواند نوشیدن را متوقف کند، حالا دکترها هر چه می‌خواستند بگویند. نمی‌توانست جلوی شنیدن را هم بگیرد و بدتر از همه نمی‌توانست جلوی به یاد آوردن را بگیرد. خیلی دلش می‌خواست که می‌شد

مثل خلاص کردن دنده‌ی اتومبیل، خاطره را از روی اراده، خلاص کرد. این کاری بود که رانندها می‌کردند، چه بالای تپه چه وقتی که به نهایت سرعت رسیده بودند؛ با این کار بنزین کمتری مصرف می‌شد، اما او هرگز نمی‌توانست این کار را با خاطره‌اش بکند. مغزش آن‌قدر سرسخت بود که همه‌ی شکست‌ها، تحقیرها، از خودبیزاری‌ها و تصمیمات اشتباهش را به یاد می‌آورد. او دلش می‌خواست فقط چیزهایی را که انتخاب می‌کرد به یاد بیاورد: موسیقی، تانیا، نینا، پدر و مادرش، دوستان واقعی و قابل اعتمادش، گالیا را که خوک بازی می‌کرد، ماکسیم را که ادای پلیس بلغاری را درمی‌آورد، گلی زیبا در فوتبال، خنده، شادی و عشق به زن جوانش. همه‌ی این‌ها را به یاد می‌آورد، اما اغلب چیزهایی را که نمی‌خواست به یاد بیاورد این خاطرات را می‌پوشاند و با آن مخلوط می‌شد. این ناخالصی، این فساد در خاطرات، شکنجه‌اش می‌داد.

در سال‌های بعد پرش‌های عصبی و تیک‌هایش بیشتر شد. می‌توانست با آیرینا ساکت و آرام بنشیند اما اگر پشت سکوی خطابه در موقعیتی رسمی یا حتی در جمع کسانی قرار می‌گرفت که کاملاً با او همدردی می‌کردند نمی‌توانست آرام بماند. سرش را می‌خاراند، چانه‌اش را می‌پوشاند، انگشت اشاره و انگشت کوچکش را به گونه فشار می‌داد، دائم تکان‌تکان می‌خورد و مثل کسی که منتظر دستگیری‌اش است آرام و قرار نداشت. وقتی به آهنگ خودش گوش می‌کرد گاهی با دست‌ها دهانش را می‌پوشاند، گویی می‌خواست بگوید: به حرفی که از دهان من بیرون می‌آید اعتماد نکنید، فقط به چیزی اعتماد کنید که با قلبتان می‌شنوید. یا با نوک انگشتان سرورویش را می‌کند، طوری که انگار خود را نیشگون می‌گیرد تا مطمئن شود در خواب نیست یا چنان ناگهان خود را می‌خاراند که گویی پشه نیشش زده است.

پدرش، که نامش را مطیعانه از او گرفته بود، اغلب در ذهنش زندگی می‌کرد. مرد آرام و شوخی که هر روز صبح با لبخندی بر لب بیدار می‌شد. اگر قرار بود «شوستاکوویچ خوش‌بینی» باشد او همان بود. دمیتری بولسلاوویچ همیشه در ذهن پسرش همیشه با اسباب‌بازی‌ای در دست و شعری در دهان پدیدار می‌شد و از پشت عینکی بی‌دسته، به دسته ورق‌ها یا پازلی سیمی نگاه می‌کرد، پیپش را می‌کشید و بزرگ شدن بچه‌هایش را تماشا می‌کرد؛ مردی که آن‌قدر زندگی نکرد که دیگران را ناامید کند یا زندگی، او را ناامید سازد.

«گل‌های داوودی مدت‌ها است در باغچه پژمرده‌اند.» ادامه‌اش چه بود؟ «اما عشق هنوز در قلب رنجور من پرسه می‌زند.» پسر لبخند می‌زد، اما نه مثل پدر. قلب رنجور او فرق داشت و حالا دو بار حمله را پشت سر گذاشته بود.

سومی در راه بود، زیرا نشانه‌های هشدار آن را تشخیص می‌داد: نوشیدن، دیگر لذت‌بخش نبود.

پدرش سال قبل از آشنایی او با تانیا مرد. درست است، این‌طور نیست؟ تانیا گلیونکو، اولین عشقش که به او گفت دوستش دارد چون پاک است. آن‌ها ارتباطشان را حفظ کرده بودند تا این‌که در سال‌های بعد مدام به دمیتری می‌گفت، اگر چند هفته زودتر یکدیگر را در آسایشگاه پیدا کرده بودند، آن‌وقت تمام زندگی‌شان عوض می‌شد. عشقشان چنان محکم می‌ماند که هیچ‌چیز نتواند آن را از بین ببرد؛ سرنوشتشان این بود و آن‌ها با فرار در هر فرصتی از آن غافل شدند. شاید این‌طور بود. دمیتری می‌دانست که آدم‌ها دوست دارند زندگی گذشته‌شان را پر سوزوگداز جلوه بدهند و درباره‌ی فرصت‌ها و تصمیمات گذشته با وسواس برخورد کنند که آن موقع بی‌فکری کرده‌اند. همچنین می‌دانست که سرنوشت یعنی این کلمات: «و به‌این‌ترتیب».

بااین‌حال هنوز عشق اول یکدیگر بودند و دمیتری مدام هفته‌هایی را که در آناپا گذرانده بودند مثل شعر حماسی به یاد می‌آورد. البته شعر حماسی، فقط‌وقتی حماسی می‌شود که پایان یابد. در آن کلبه در ژوخووا، آسانسوری نصب کرده بودند تا او را از سالن به اتاقش ببرد. البته در اتحاد جماهیر شوروی قوانین و مقررات تأکید می‌کرد که فقط متصدی کاملاً کاردان می‌تواند آسانسور را، هرچند در مکانی خصوصی، به راه اندازد. آن‌وقت آیرینا آنتونوا، که به‌طور شگفت‌انگیزی مراقب سلامت دمیتری بود، در این مورد چه کرد؟ در مدرسه‌ی مربوطه ثبت‌نام کرد و مدرکش را گرفت. چه کسی فکر می‌کرد سرنوشت دمیتری این باشد که با متصدی کاردان آسانسور ازدواج کند؟

او عشق اول و آخرش، تانیا و آیرینا را با هم مقایسه نمی‌کرد. آیرینا تا جایی که می‌توانست همه چیز را برای او قابل تحمل و لذت‌بخش می‌کرد. موضوع فقط این بود که حالا امکانات او در زندگی کمتر شده بود. درحالی‌که در قفقاز امکانات زندگی‌اش بی‌حدوحصر بود، اما این چیزیست که زمان بر سرت می‌آورد.

پیش از آن‌که با تانیا به آناپا برود، اولین سمفونی‌اش در باغ‌های عمومی خارکف اجرا شد. طبق همه معیارهای عینی، این اجراها وحشتناک بود. سازهای زهی صدای زیر می‌داد. صدای پیانو به گوش نمی‌رسید. سازهای ضربی همه صداهای دیگر را در خود غرق کرده بود. باسون اصلی صدای بسیار بدی می‌داد و رهبر ارکستر از خودراضی بود. کل جمعیت سگ‌های شهر از قبل در محل حضور پیدا کرده و تماشاچی‌ها کنترل خنده‌شان را از دست داده

بودند. بااین‌حال اعلام کردند، موفقیت بزرگی حاصل شده است. تماشاچی‌های غافل بلند و طولانی کف زدند؛ رهبر ارکستر از خودراضی تحسین‌ها را به خود گرفت؛ نوازندگان ارکستر خیال باطل رقابت در سر پروراندند و آهنگ‌ساز را به صحنه فراخواندند تا بارها و بارها در برابر یکایکشان تعظیم و تکریم کند. بله، او بسیار عصبانی بود، اما آن‌قدر هم جوان بود که از این کنایه لذت ببرد.

ماکسیم به دوستان پدرش اعلام می‌کرد: «پلیس بلغاری بند پوتین‌هایش را می‌بندد!» پسر همیشه عاشق شوخی، مسخره‌بازی، تیر و کمان و تفنگ بادی بود و طی سال‌ها این بازی خنده‌دار را به‌خوبی اجرا کرده بود. با پوتین‌های باز، جلو می‌آمد و با چهره‌ای اخمو، صندلی‌ای را که در دست داشت وسط اتاق می‌گذاشت و آرام آن را جابه‌جا می‌کرد تا در بهترین نقطه قرار گیرد. بعد با چهره‌ای پرنخوت و با هر دو دست، پای راستش را بلند می‌کرد روی صندلی تکیه می‌داد. به اطراف نگاه می‌کرد و از شادی کوچکش خرسند بود. سپس با ترفندی عجیب که ممکن بود تماشاچیان ابتدا متوجهش نشوند، خم می‌شد، پای روی صندلی را نادیده می‌گرفت و بندهای پوتین دیگر را که روی زمین بود، می‌بست. غرق در لذت از نتیجه‌ی کار، پاها را جابه‌جا می‌کرد، پای چپ را بلند می‌کرد و روی صندلی می‌گذاشت، بعد خم می‌شد و بندهای پوتین پای راست را می‌بست. وقتی کارش تمام می‌شد و تماشاچیان از لذت جیغ می‌کشیدند، برای جلب توجه، راست می‌ایستاد، بندهای درست بسته شده‌ی پوتین‌هایش را وارسی می‌کرد، برای خود سر تکان می‌داد و با حرکات کند و سنگین صندلی را به‌جای اولش برمی‌گرداند.

دمیتری حدس می‌زد برای مردم این بازی خنده‌دار است نه فقط به‌خاطر این‌که ماکسیم کمدینی طبیعی بود، یا آن‌ها از شوخی‌های بلغاری خوششان می‌آمد بلکه دلیل عمیق‌تری داشت: این‌که این بازی کوچک بسیار الهام‌آور بود. از ترفندهای بسیار پیچیده به پایانی ساده می‌رسید؛ حماقت، خودبینی، بی‌خیال در برابر نظرات دیگران، تکرار اشتباهات. آیا همه‌ی این‌ها در میان میلیون‌ها و میلیون‌ها زندگی، بزرگ‌نمایی نشده و آینه‌ی چگونگی اوضاع تحت حاکمیت قوانین استالین نبود؟ کارنمای مفصلی از نمایش‌های خنده‌داری که به تراژدی عمیقی منجر می‌شد.

می‌شد تصویر دیگری را از کودکی خودش ترسیم کرد: آن خانه ییلاقی‌شان در آرینووکا در ملکی غنی از ردیف کودهای گیاهی در زیر آن. خانه‌ای از رؤیا یا کابوس با اتاق‌های بزرگ و پنجره‌های کوچک که بزرگ‌تر‌ها را می‌خنداند و بچه‌ها را از ترس می‌لرزاند. حالا دمیتری متوجه می‌شد که کشوری که در آن

مدت‌ها زندگی کرده بود هم همان‌طور است. گویی معماران وقتی داشتند نقشه‌ی اتحاد جماهیر شوروی را می‌کشیدند، دقیق، وسواسی و خوش‌نیت بوده‌اند اما از همان ابتدا شکست خورده بودند: آن‌ها به‌جای متر، سانتی‌متر به کار برده بودند و برعکس. نتیجه این شده بود که خانه کمونیسم تماماً بی‌تناسب از آب در آمده بود و با معیارهای انسانی جور نبود. باعث می‌شد خواب ببینید، دچار کابوس شوید و همه از بزرگ گرفته تا کوچک وحشت‌زده شوید.

صاحب‌منصبان و موسیقی‌شناسانی که سمفونی پنجمش را بررسی کرده بودند عبارتی را بادقت و موشکافی به کار می‌بردند که بهتر بود به خودِ انقلاب می‌چسبید و به روسیه‌ای که از آن بیرون می‌آمد: تراژدی خوش‌بینانه.

همان‌طور که دمیتری نمی‌توانست خاطر اتش را کنترل کند، قادر به متوقف کردن سؤال و جواب‌های دائم و بیهوده‌ی مربوط به آن هم نبود. آخرین پرسش‌های مربوط به زندگی یک مرد بی‌پاسخ باقی می‌ماند. ماهیت این پرسش‌ها همین است. آن‌ها صرفاً مثل سوت‌های کارخانه‌ها در گام فا دیز، در مغز مویه می‌کنند.

درنتیجه استعداد، مثل نواری از قطعه‌های کود خشکیده زیر پایت خوابیده است. چقدر از آن را بریده‌ای؟ چقدرش نبریده مانده است؟ تعداد کمی از هنرمندان هستند که فقط بهترین بخش‌ها را می‌برند، یا حتی گاهی اوقات دیگران آن‌ها را چنین می‌شمارند. درمورد خودش سی سال و اندی پیش، آن‌ها حصاری با سیم خاردار کشیده و رویش نوشته بودند: وارد این منطقه نشوید. چه کسی می‌دانست زیر آن سیم‌خاردارها چه چیزی خوابیده بود؟

پرسشی مرتبط این بود: یک آهنگ‌ساز مجاز بود چند آهنگ بد بسازد؟ زمانی فکر می‌کرد پاسخ را می‌داند. حالا نمی‌دانست. او آهنگ‌های بد بسیاری برای فیلم‌های بسیار زیادی ساخته بود. می‌شود ادعا کرد که بدی موسیقی او فیلم‌ها را بدتر هم کرد و به‌این‌ترتیب وظیفه‌اش را در برابر راستی و هنر انجام داد. شاید هم همه‌ی این‌ها صرفاً سفسطه بود.

آخرین مویه داخل سرش برای زندگی‌اش بود و هنرش. پرسش این بود: بدبینی از چه زمانی تبدیل به فلاکت می‌شود؟ آخرین آثار مجلسی‌اش این پرسش را به وجود می‌آوردند. به فئودور دروژنین، نوازنده‌ی ویولا، می‌گفت، اولین قطعه‌ی چهارگانه پانزدهمش را باید طوری بنوازد که «مگس‌ها میان زمین و هوا یکباره بمیرند و حاضران از کسالت محض شروع به ترک سالن کنند.» همه‌ی عمرش به کنایه تکیه کرده بود. دمیتری تصور می‌کرد این ویژگی در جایی معمولی به وجود آمده است: در فاصله‌ی میان این‌که تصور یا گمان می‌کنیم

یا امید داریم زندگی چطور خود را نمایان کند و چطور واقعاً نمایان می‌شود. پس کنایه دفاعی می‌شود از‌خود و روح خود. اجازه می‌دهد بر مبنای روز به روز نفس بکشی. در نامه‌ای می‌نویسی که شخصی بسیار شگفت‌انگیز است و خواننده نامه می‌داند که این مفهوم عکس دارد. کنایه اجازه می‌دهد زبان نامفهوم دولت را تکرار کنی، سخنان نامفهومی را که به نام تو نوشته شده است بلند بخوانی؛ موقرانه در فقدان عکس استالین در اتاق کارت گریه کنی و پشت دری نیمه‌باز، زنت به‌زور جلو خنده‌اش را بگیرد. از انتصاب وزیر جدید فرهنگ این‌طور استقبال می‌کنی که بگویی در حلقه‌های موسیقیایی در حال پیشرفت، سرور خاصی پدیدار خواهد شد، حلقه‌هایی که همیشه بیشترین امیدشان به او بوده است. آخرین قطعه‌ی سمفونی پنجمت را می‌سازی که شبیه نقاشی ریشخند دلقکی بر یک جنازه است، سپس با قیافه‌ای منطقی به پاسخ دولت گوش می‌دهی: «نگاه کنید، می‌توانید ببینید که او خوشحال مرده است و با اطمینان به‌درستی و پیروزی اجتناب‌ناپذیر انقلاب.» بخشی از وجود تو باور می‌کند که تا زمانی که به کنایه تکیه داری، می‌توانی زنده بمانی.

برای مثال، در سالی که او به حزب پیوست، هشتمین چهارگانه‌اش را نوشت. به دوستانش گفت که این اثر به ذهنش تقدیم شده است، «تقدیم به خاطره‌ی آهنگ‌ساز.» و واضح بود که مقامات موسیقی‌شناس آن را به‌طور غیرقابل قبولی خودخواهانه و بدبینانه شمردند. برای همین این تقدیم‌نامه در پارتیتورِ چاپ شده به این صورت آمد: «تقدیم به قربانیان فاشیسم و جنگ.» بی‌شک این پیشرفت بزرگی به نظر می‌آمد. ولی تنها کاری که واقعاً انجام داده بود تبدیل مفرد به جمع بود.

بااین‌حال دیگر خیلی مطمئن نبود. درکنایه، ممکن بود خودپسندی وجود داشته باشد همان‌طور که در اعتراض می‌تواند رضایت باشد. پسر کشاورز هسته‌ی سیبی به‌طرف اتومبیل درحال عبوری، که راننده دارد، پرت می‌کند. گدایی مست شلوارش را پایین می‌کشد و باسنش را به آدم محترمی نشان می‌دهد. آهنگ‌ساز برجسته‌ی شوروی، استهزای زیرکانه‌ای را در سمفونی یا چهارگانه‌ی ز‌هی وارد می‌کند. آیا در انگیزه یا تأثیر آن تفاوتی ایجاد می‌شود؟

دمیتری به این نتیجه رسیده بود که کنایه مثل دیگر احساسات در برابر حوادث زندگی و زمان آسیب‌پذیر است. یک روز صبح بلند می‌شوی و دیگر نمی‌دانی آیا زبانت کنایه‌آمیز است یا نه و حتی اگر هم باشد، آیا اهمیتی دارد، آیا کسی متوجه می‌شود. تصور می‌کردی پرتو نوری ماوراءبنفش ایجاد می‌کنی اما از آن‌جایی که خارج از طیفی است که دیگران می‌شناسند، اگر ثبت نشود

چه؟ دمیتری در اولین کنسرتو ویولن‌سل خود، اشاره‌ای به آهنگ مورد علاقه‌ی استالین «سالیکو» کرده بود، اما روستروپوویچ بی‌آن‌که متوجهش شود از آن گذشت. اگر قرار باشد اسلاوا روستروپوویچ را متوجه این کنایه کرد دیگر چه کسی در دنیا می‌ماند که آن را تشخیص دهد؟

کنایه حدومرز خودش را دارد. برای مثال، ممکن است شکنجه‌گر کنایه‌آمیز، یا قربانی کنایه‌آمیز شکنجه نباشی. همچنین نمی‌توانی به‌طور کنایه‌آمیز عضو حزب شوی. می‌شود صادقانه یا بدبینانه عضو حزب شد، این دو راه تنها چیزی بودند که امکان داشتند. از نظر کسی که از بیرون نگاه می‌کند ممکن است چندان اهمیت نداشته باشد زیرا هر دو نکوهش‌آمیز به نظر می‌رسد. خود جوان‌ترش، کنار جاده، گل‌های آفتابگردان کهنه و پلاسیده‌ای را عقب آن اتومبیل می‌دید که دیگر رو به‌سوی خورشید قوانین استالین برنمی‌گرداندند، اما هنوز رویشان را به آفتاب می‌کردند، هنوز به‌طرف منبع نور دولت برمی‌گشتند.

اگر به کنایه پشت کنی، به استهزا تبدیل می‌شود. آن‌وقت فایده‌اش چیست؟ استهزا، کنایه‌ای است که که روحش را از دست داده است.

زیر شیشه‌ی میزش در کلبه‌ی تابستانی در ژوخوا تصویر بزرگی از موسورگسکی بود که خرس‌مانند و ناراضی به نظر می‌رسید، که دمیتری را وادار می‌کرد کار دون‌پایه را کنار بیندازد. زیر شیشه‌ی میزش در آپارتمان مسکو تصویر استراوینسکی، بزرگ‌ترین آهنگ‌ساز قرن بود، که وادارش می‌کرد بهترین آهنگی را که می‌تواند بسازد. همیشه روی میز کنار تختش کارت‌پستالی از درسدن بود: نقدینه خراج اثر تیسین.

فاریسیان سعی کرده بودند عیسی را با این پرسش فریب دهند که آیا یهودیان باید به سزار خراج دهند. دولت هم در سراسر تاریخ سعی کرده بود که آن‌هایی را فریب دهد و از راه به‌در کند که احساس می‌کرد که تهدیدش می‌کنند. دمیتری، خودش سعی کرده بود در دام دولت نیفتد اما او عیسی مسیح نبود، فقط دمیتری دمیتریویچ شوستاکوویچ بود. درحالی‌که پاسخ عیسی به مرد فاریسی که تصویر طلایی سزار را به او نشان می‌داد درواقع به‌طور زیرکانه‌ای دوپهلو بود۔ او مشخص نمی‌کرد چه چیزی به خداوند تعلق دارد و چه چیز به سزار۔ دمیتری نمی‌توانست این آیه را برای خودتکرار کند، «آنچه را متعلق به هنر است به هنر تسلیم کن.» چنین چیزی به معنای مرام هنر، محض خاطر هنر بود و این‌چنین بود درمورد فرمالیسم (صورت‌گرایی)، پسیمیسم (بدبینی) خودمحورانه و همه‌ی آن ایسم‌هایی که در طول سالیان سال بر سرش ریخته بود. پاسخ دولت

همیشه همین بود: «بعد از من تکرار کن: هنر به مردم تعلق دارد. وی.ای. لنین. هنر به مردم تعلق دارد. وی. ای. لنین.»

به‌این‌ترتیب دمیتری به‌زودی می‌مرد، شاید در طول سال کبیسه‌ی بعدی. سپس همه‌شان یکی‌یکی می‌مردند: دوستان و دشمنانش. آن‌هایی که پیچیدگی‌های زندگی تحت حکومت استبداد را درک می‌کردند و آن‌هایی که ترجیح می‌دادند او شهید می‌شد، یا آن‌هایی که موسیقی او را می‌فهمیدند و دوستش داشتند و پیرمردان اندکی که هنوز «آهنگ کانترپلان» را سوت می‌زدند بی‌آن‌که بدانند چه کسی آن را ساخته است. همه می‌مردند، شاید غیر از خرنیکف.

در طول سال‌های واپسین عمرش، بیش‌ازپیش در چهارگانه‌های زه‌ی‌اش از فن محو صدا در آخر استفاده می‌کرد: «فروکش صدا»، «مثل مردن». زندگی خودش را هم این‌چنین مشخص می‌کرد. چند زندگی با صدای بلند و به صورت ماژور پایان می‌یافت. هیچ‌کس سر وقتش نمی‌مرد. موسورگسکی، پوشکین، لرمونتف، همه‌شان خیلی زود مرده بودند. چایکفسکی، روسینی، گوگول، همه باید زودتر می‌مردند. شاید درمورد بتهون هم همین‌طور بود. البته این فقط مشکل نویسندگان و آهنگ‌سازان مشهور نبود، بلکه درمورد افراد عادی هم صدق می‌کرد: ادامه‌ی زندگی بعد از آن‌که بهترین دوران عمرت را سپری کرده‌ای، بعد از مرحله‌ای که زندگی دیگر نمی‌تواند شادی بیافریند، بلکه فقط ناامیدی و اتفاقات وحشتناک به بار می‌آورد.

به‌این‌ترتیب دمیتری آن‌قدر زندگی کرده بود که دیگر از خودش دل‌سرد بود. این موضوع اغلب برای هنرمندان اتفاق می‌افتد: خود را بزرگ‌تر از آن‌چه هستند می‌بینند و یا تسلیم پوچی‌ها می‌شوند یا ناامیدی. این روزها اغلب خودش را بی‌احساس و آهنگ‌سازی متوسط می‌دید. عدم اعتمادبه‌نفس در جوان با پیر فرق دارد و شاید این آخرین پیروزی آن‌ها در برابر او بود. به‌جای کشتنش به او اجازه‌ی زندگی داده بودند و با اجازه دادن به زندگی، او را کشته بودند. این آخرین کنایه‌ی بی‌جواب در زندگی‌اش بود: این‌که به او اجازه زندگی داده بودند تا او را بکشند.

در ورای مرگ چه بود؟ احساس می‌کرد دلش می‌خواهد لیوانی را برای سلامتی بلند کند. «امیدوارم اوضاع بهتر از این نشود!» اگر مرگ، با خفتی خوش‌ظاهر، برای رهایی از زندگی می‌آمد، دمیتری انتظار این را نداشت که بقیه‌ی چیزها کمتر پیچیده باشند. ببین چه بر سر پروکوفیف آمده بود. پنج سال بعد از مرگش، درست زمانی که نشان‌های یادبودش را در سراسر مسکو می‌آویختند، زن اولش به وکیل‌ها دستور داده بود تا ازدواج دومش را باطل کنند.

بر چه اساسی؟ بر این اساس که سرگئی سرگیویچ، از زمان بازگشتش به روسیه در سال 1936، ناتوان جنسی بوده است. بنابراین ازدواج دومش نمی‌تواند قانونی شده باشد. از این‌رو او، یعنی همسر اول، تنها زن وفادار به او و تنها وارثش خواهد بود. او حتی از دکتری که دو دهه سرگئی سرگیویچ را معالجه می‌کرد، گواهی خواسته بود مبنی بر این‌که ناتوانی‌اش را به‌عنوان واقعیتی غیرقابل انکار ثابت کند.

اما اتفاقی که افتاد این بود: آن‌ها آمدند و کاغذهایت را گشتند. هی، شوسی، موبور دوست داری یا سبزه؟ آن‌ها دنبال همه‌ی نقطه‌ضعف‌ها بودند و هر فسادی که بتوانند بیابند. همیشه یک چیزهایی پیدا می‌کردند. اسطوره‌بافان و شایعه‌پراکن‌ها، برداشت خودشان را از صورت‌گرایی داشتند، همان‌طور که سرگئی سرگیویچ تعریف کرده بود، هر چه که نتوانیم در وحله‌ی اول درک کنیم احتمالاً غیراخلاقی و نفرت‌انگیز است. این طرز تفکر آن‌ها بود. آن‌ها با زندگی او آن کاری را می‌کردند که دلشان می‌خواست.

درمورد موسیقی‌اش باید گفت، دمیتری از چنین توهمی بری بود که زمان خوب را از بد جدا کند. نمی‌دانست چرا نسل‌های آینده بهتر از آن‌هایی که موسیقی برایشان ساخته شده می‌توانند کیفیت را بسنجند. در این مورد اصلاً دچار توهم نبود. نسل‌های آینده چیزی را ثابت می‌کردند که باید ثابت می‌شد. او از همه بهتر می‌دانست که چطور شهرت آهنگ‌سازان صعود و افول داشت. چطور بعضی‌ها به اشتباه فراموش می‌شدند و دیگران به‌طور اسرارانگیزی جاودانه می‌شوند. آرزوی فروتنانه‌اش برای آینده این بود که شعر «گل‌های داوودی مدت‌هاست در باغ پژمرده‌اند.» با وجود این‌که از بلندگوهای خراب کافه‌ای ارزان‌قیمت پخش می‌شود باز هم انسان‌ها را به گریه بیندازد و این‌که شنونده‌ای در طول راه تحت تأثیر یکی از چهارگانه‌های زهی او قرار گیرد و دیگر این‌که شاید روزی نه‌چندان دور هر دوی این شنوندگان با هم برخورد کنند و یکی شوند.

به خانواده‌اش سفارش کرده بود که خود را به‌خاطر «جاودانگی» او به دردسر نیندازند. موسیقی‌اش باید در جایگاه شایسته‌ی خود نواخته می‌شد، نه به دلیل اعتراضات پس از مرگش. در میان بسیاری از دادخواهانی که این روزها احاطه‌اش کرده بودند، بیوه‌ی آهنگ‌ساز مشهوری به چشم می‌خورد. «شوهرم مرده و من هیچ‌کس را ندارم.» این هم بند ترجیع او بود که مدام تکرارش می‌کرد. زن، همیشه به او می‌گفت، کافی است فقط گوشی تلفن را بردارد و به این یا آن شخص دستور دهد که آهنگ‌های شوهر فقیدش را بنوازند. ابتدا دمیتری بارها از روی ادب و دلسوزی و بعدها برای این‌که از شر زن خلاص شود،

این کار را کرده بود، اما هیچ‌وقت کافی نبود. «شوهرم مرده و من هیچ‌کس را ندارم.» و باز هم دمیتری گوشی تلفن را برمی‌داشت.

اما یک روز کلمات تکراری بیش از خشم آشنا او را برانگیخت. برای همین صادقانه جواب داد «بله،... بله؛ جان سباستین باخ بیست تا بچه داشت و همه‌ی آن‌ها موسیقی‌اش را رواج دادند.»

بیوه‌زن با لحنی موافق گفت: «دقیقاً. برای همین است که هنوز موسیقی‌اش را امروزه می‌نوازند!»

دمیتری امیدوار بود مرگ، موسیقی‌اش را آزاد سازد، آزاد از شر زندگی فعلی‌اش. زمان می‌گذشت و با این‌که موسیقی‌شناسان به مباحثه‌هایشان ادامه می‌دادند، کار او روی پای خودش می‌ایستاد. تاریخ مثل زندگینامه، کم‌رنگ می‌شد؛ شاید یک روز فاشیسم و کمونیسم صرفاً کلماتی می‌شدند که در کتاب‌های درسی می‌دیدی. آن‌وقت، موسیقی او، اگر هنوز ارزشمند بود، اگر هنوز گوش شنوایی برایش وجود داشت، همان موسیقی باقی می‌ماند. همه آرزوی یک آهنگ‌ساز همین بود. موسیقی به چه کسی تعلق دارد؟ این را از هنر جوی لرزان پرسیده بود و با این‌که جواب، با حروف بزرگ روی پلاکارد پشت سر ممتحن نوشته شده بود، دختر نمی‌توانست پاسخ دهد. اگر هم می‌توانست، جوابش درست نبود. زیرا موسیقی عاقبت به موسیقی تعلق دارد. همه‌ی آنچه می‌توانستی بگویی یا آرزو کنی همین بود.

حالا دیگر گدا مدت‌هاست که مرده و دمیتری دمتریویچ آنچه را گفته تقریباً بی‌درنگ فراموش کرده بود، اما آن که نامش در تاریخ گم شده است آن را به خاطر داشت. او کسی بود که به آن مفهوم بخشید، کسی که آن را فهمید. آن‌ها وسط روسیه و در میانه‌ی جنگ و میان انواع رنج‌هایی بودند که جنگ به همراه می‌آورد. سکوی طویلی بود در ایستگاه راه‌آهن که خورشید تازه روی آن می‌تابید. مردی بود، درواقع نیمه مرد، که نشسته روی گاری می‌راند و خود را با طنابی به آن بسته بود که از بالای کمر شلوارش رد می‌شد. دو مسافر بطری نوشیدنی‌ای در دست داشتند. آن‌ها از قطار پیاده شدند. گدا دست از خواندن آهنگ نفرت‌انگیزش کشید. دمیتری دمیتریویچ بطری و او لیوان‌ها را نگه داشت. دمیتری دمیتریویچ در هر لیوان نوشیدنی ریخت؛ وقتی مشغول بود، دست‌بندی از سیر نمایان شد. او کافه‌دار نبود و اندازه‌ی نوشیدنی لیوان‌ها یکی نشد. گدا فقط آن چیزی را دید که از بطری بیرون آمد و با خود فکر کرد چرا میتیا همیشه مشتاق کمک کردن به دیگران بود درحالی‌که از نظر شخصیتی قادر به کمک کردن به خودش نبود، اما دمیتری دمیتریویچ داشت گوش می‌داد و مثل همیشه می‌شنید.

به‌این‌ترتیب وقتی سه لیوان با سطح نوشیدنی نابرابر به هم خوردند، او لبخند زد و سرش را یک‌وری گرفت و آفتاب لحظه‌ای روی عینکش درخشید و او زیر لب گفت: «سه تایی [114].»

این همان چیزی بود که آن یکی که به یاد می‌آورد. جنگ، وحشت، فقر، تیفوس و فساد، که هنوز در میانه، بالا، پایین و داخلش بودند، دمیتری دمیتریویچ آکورد سه تایی بی‌نظیری شنیده بود. بی‌تردید جنگ تمام می‌شد، هرچند که هیچ‌وقت پایانی نداشت. وحشت ادامه می‌یافت و این‌چنین بود مرگ‌های بی‌دلیل و فقر و فساد؛ شاید این‌ها هم تا ابد ادامه می‌یافت، کسی چه می‌دانست، اما باز هم نوایی سه تایی که از سه لیوان نه‌چندان تمیز و نوشیدنی داخلش پدید آمد، صدایی بود که از میان همهمه‌ی زمان به‌وضوح طنین می‌انداخت و بیش از هرکسی و هر چیزی بقا می‌یافت؛ شاید عاقبت، این همان چیزی بود که اهمیت داشت.

یادداشت نویسنده

شوستاکوویچ، روز نهم اوت ۱۹۷۵، پنج ماه قبل از شروع سال کبیسه در گذشت.

نیکولاس ناباکف، شکنجه‌گر در کنگره‌ی صلح نیویورک، درواقع از طریق سازمان سیا تأمین می‌شد. انزوای استراوینسکی از کنگره، آن‌طور که در تلگرامش قید کرده بود، فقط «اخلاقی و حسی» نبود بلکه جنبه‌ی سیاسی هم داشت. آن‌طور که استفن والش، زندگینامه‌نویس او می‌گوید: «استراوینسکی مانند همه‌ی روس‌های سفید در آمریکای قبل از جنگ، به‌طور حتم نمی‌خواست موقعیت سخت به دست آمده‌اش به‌عنوان یک آمریکایی وفادار را با کوچک‌ترین حمایت از تبلیغات حامیان کمونیسم به خطر بیندازد.»

تیخون خرنیکف، آن‌طور که شوستاکوویچ به‌طور افسانه‌ای فکر می‌کرد، نامیرا نبود، اما بهترین اتفاق بعدی را رقم زد؛ اتحادیه آهنگ‌سازان شوروی را از تأسیس مجددش در سال ۱۹۴۸ به فروپاشی نهایی رساند و همراه آن بقیه‌ی اتحاد جماهیر شوروی را هم در سال ۱۹۹۱ به‌زیر کشید. چهل و هشت سال بعد از ۱۹۴۸، هنوز در مصاحبه‌هایی که زیرکانه میانه‌رو بودند شرکت و ادعا می‌کرد شوستاکوویچ مرد پر نشاطی بود که چیزی نداشت که از آن بترسد. (ولادیمیر روبین آهنگ‌ساز گفته بود: «گرگ از وحشت میش چه می‌داند.») خرنیکف هیچ‌گاه از صحنه دور نشد و هرگز عشقش را برای قدرت از دست نداد. در سال ۲۰۰۳، از ولادیمیر پوتین نشان افتخار گرفت. سرانجام در سال ۲۰۰۷ در سن نود و چهار سالگی درگذشت.

شوستاکوویچ راوی چندگانه‌ی زندگی خود بود. بعضی از داستان‌ها با تفاسیر بسیار زیادی وجود دارند که در طول سالیان تغییر کرده و «بهبود» یافته‌اند. بقیه داستان‌ها ـ برای مثال، آنچه در کاخ بزرگ در لنینگراد روی داد ـ فقط یک تفسیر دارند و سالیان سال بعد از مرگ آهنگ‌ساز از یک منبع خاص نشأت گرفته‌اند. واقعیت به‌طورکلی سخت به دست می‌آمد به‌خصوص که در روسیه دوران استالین هم اتفاق افتاده بود. حتی نام‌ها با تردید تغییر می‌کردند؛ برای همین، بازجوی شوستاکوویچ در کاخ بزرگ در جاهای مختلف زانچفسکی، زاکرفسکی و زاکفسکی نامیده شده است. همه‌ی این‌ها برای زندگینامه‌نویس، دل‌سردکننده و در عین‌حال برای رمان‌نویس بسیار خوشایند است.

زندگینامه‌ی شوستاکوویچ، بسیار بااهمیت است و موسیقی‌شناسان باید دو مأخذ اصلی من را در نظر داشته باشند: نمونه‌ی معتبر الیزابت ویلسون، شوستاکوویچ چند وجهی: یادآوری یک زندگی (۱۹۹۴؛ ویراست مجدد ۲۰۰۶)

و یادبود: خاطرات شوستاکوویچ به روایت سالومون والکف (1979). وقتی کتاب والکف منتشر شد جنجالی در شرق و غرب به‌پا کرد و به اصطلاح «جنگ‌های شوستاکوویچ» تا چند دهه مورد بحث بود. من با آن مثل یک دفتر خاطرات خصوصی برخورد کرده‌ام یعنی همان چیزی که به نظر می‌رسید واقعیت محض باشد، بااین‌حال معمولاً آن را در ساعات یکسانی در روز، با حالات روحی غالب و با تعصبات و غفلت‌های یکسان نوشته‌ام. منابع مفید دیگر شامل داستان یک دوستی اثر آیزاک گلیکمن (2001) و مصاحبه‌های مایکل آردوف با فرزندان این آهنگ‌ساز با عنوان خاطرات شوستاکوویچ (2004) چاپ شده است.

از میان کسانی که در نوشتن این رمان کمکم کردند، الیزابت ویلسون نقض مؤثرتری داشته است. او مدارکی را در دسترس من قرار داد که غیر از این از طریق دیگری نمی‌توانستم آن‌ها را ا بیابم، خیلی از سوءبرداشت‌هایم را تصحیح کرد و متن تایپ شده‌ام را خواند، اما این کتاب من است نه مال او، پس اگر از کتاب من خوشتان نیامد مال او را بخوانید.

جی. بی.

مه 2015

• • • •

---

[1] ـ ONE TO DRINK

[2] ـ One to hear

[3] ـ Nita نیتا، تغییریافته‌ی نینا در زبان روسی است. برای همین نویسنده در متن داستان گاهی نیتا و گاهی نینا به کار برده است. م

[4] ـ Tanya

[5] ـ Rozaliya

[6] ـ رقصی لهستانی. م.

[7] ـ F sharp نت فا که نیم‌پرده زیرتر زده شود. م

[8] ـ Bassoon ساز بادی چوبی که به آن فاگوت هم می‌گویند. م.

[9] ـ Prokofiev

[10] ـ Anapa شهری در کشور روسیه

[11] ـ شبه نظامی

[12] ـ Arkhangelsk مرکز استانی در روسیه. م.

[13] - Kazbek

[14] - Belomor

[15] - Herzegovina Flor

ـ [16]سیگار

[17] - Zakrevsky

[18] - Dmitrievich

[19] - Yaroslav

ـ [20]گالینا، تغییر یافته گالیا است. م.

[21] - Irinovka

[22] - Sofya Vasilyevna

[23] - Tukhachevsky

[24] - Malko

ـ [25]دستور نتی که مقابل رهبر ارکستر قرار دارد و از روی آن نت بخش‌های سازی و آوازی را می‌خواند.

ـ [26]منظور همان چوبی است که رهبر ارکستر در دست دارد. م.

[27] - Ttyana Glivenko

[28] - Marusya

[29] - Viktor Kubatsky

[30] - Lady Macbeth of Mtsensk

[31] - Boris Godunov

[32] - Prince Igor اپرایی ساخته‌ی الکساندر بورودین

[33] - Rimsky Korsakov's Sadko

[34] - Molotov

[35] - Mikoyan

[36] - Zhdanov

[37] - Irkutsk

[38] - Boleslavovich

[39] - Shebalin

[40] - Bruno Walter

[41] - Toscanini

[42] - Klemperer

[43] - Misha Kvadri

[44] - Donbass

[45] - Leskov

Meyerholdist ـ [46] مایرهولد از کارگردانان به نام شوروی بوده است. م.

[47] - Platon Kerzhensev

ـ [48] میتیا تغییریافته دمیتری است. م.

[49] - The Song of Counterplan م. ساخته دمیتری شوستاکوویچ.

[50] - Gauk

ـ [51] روزاشکا تغییریافته روزالیا است. م.

[52] - Nina Varzar

[53] - Glikman

[54] - Sergei Sergeyevich

[55] - Pergolesi

[56] - Nikolai Sergeyevich Zhilyayev

[57] - Nikolayev

[58] - Kerensky

[59] - Trotsky

[60] - Maxim Lavrentyevich Kostrikin

[61] - Alexander Bezymensky

ـ [62] اشاره به داستان اساطیر یونان، که در آن همه چنگ زدن آپولو را می‌پسندند مگر میداس. برای همین گوش‌های میداس به درازی گوش‌های الاغ می‌شود و با این‌که آن‌ها را پنهان می‌کند اما همه می‌فهمند و همه جا زمزمه می‌کنند: شاه میداس گوش‌های الاغ دارد. م.

[63] - Oistrakh

[64] - Serenade in A

[65] - Ilf and Petrov

[66] - Stokowski

[67] - Aaron Copland

[68] - Clifford Odets

[69] - Artie Shaw

[70] - Bruno Walter

[71] - Muradeli

[72] اصطلاحی که آن زمان برای نازیسم به کار می‌رفته است. م.

[73] - Kuibyshev م. این شهر در جنوب شرقی روسیه پس از سال 1990 سامارا خوانده شد.
۲. این ضرب‌المثل صدها سال است که در اوکراین استفاده می‌شود و ماجرایش از این
قرار است که آدم پرخوری می‌گوید: بوقلمون پرنده‌ی خشنودکننده‌ای نیست زیرا برای یک نفر
زیادی است و برای دو نفر کم. به همین دلیل سوسیس بهترین پرنده است. م.

[74] - Myaskovsky

[75] - Shebalin

[76] - Yuri Levitin

[77] - Iosif Vissarionovich

[78] - Toscanini

[79] ابوا (Oboe) سازی بادی و معمولاً چوبی است. م.

[80] - Felix Dzerzhinsky

[81] امروزه به آن سنت پترزبورگ می‌گویند. م.

[82] - Tikhon Nikolayevich Khrennikov

[83] - Donbass م. منطقه ای در شرق اوکراین.

[84] - Alexander Davidenko

[85] - Sevastopol م. شهری بندری در ساحل دریای سیاه.

[86] - Boris Kornilov

[87] - Malraux

[88] - Feuchtwanger

[89] - Robeson

[90] - Khrushchev

[91] - Irina

[92] - The Tribute Money (Titian)، نقاش ایتالیایی، تابلوی دیگری به همین نام از
مازاتچو وجود دارد. م.

[93] - Anatoli Bashashkin

[94] - Khrushchev

[95] - Dolmatovsy

[96] - Nicolas Boileau-Despréaux

[97] - Tinyakov

[98] - G. M. Malenkov

[99] - Dargomyzhsky

[100] ـ فرح‌بخش

[101] - Nikita the Corncob

[102] - Kabalevsky

[103] -Chulaki

[104] - Khubov

[105] - Tselikovsky

[106] - Diaghilev

[107] - Paul de Kock

[108] - Cult of Personality

[109] - Solzhenistyn

[110] - Pyotr Nikolayevich Pospelov

[111] - Evtushenko

[112] - Vsevolod Bobrov

[113] - Solzhenitsyn

[114] ـ triad در موسیقی، وقتی سه نت روی هم قرار گیرند. م.